Heinrich Beltz, Dietrich Woessner

ROSEN
KRANKHEITEN &
SCHÄDLINGE

Erkennen und Behandeln
von Wachstumsstörungen, Krankheiten
und Schädlingen

6., aktualisierte Auflage

Inhaltsverzeichnis

Schädlinge an Rosen

Service

Die Rose im ökologischen Gleichgewicht

Rosen gehören zu den faszinierendsten Gartenpflanzen überhaupt. Ihre oftmals reich gefüllten Blüten, die in allen Farben leuchten, und ihr Duft erfreuen die Menschheit schon seit Jahrtausenden. In der Gartengestaltung besitzen sie als Bodendecker, Beetbepflanzung, in Einzelstellung und als heimisches Wildgehölz eine wichtige Bedeutung. Außerdem bilden Zwergrosen in Töpfen oder Schnittrosen in Blumensträußen wundervolle Geschenke, und ihre Blüten oder Früchte finden in der Kosmetik, in Duftölen und Parfums eine Verwendung.

Als Dietrich Woessner Anfang der 1970er Jahre das Buch „Rosenkrankheiten und Schädlinge" verfasste, herrschte bei den Gartenbesitzern das Bewusstsein vor, dass die Rose eine edle, aber empfindliche Schönheit des Gartens sei, die auf Schutz vor Schädlingen und Krankheiten angewiesen ist. Damals stand eine Vielzahl äußerst wirksamer Pflanzenschutzmittel zur Verfügung, die, wenn sie zum richtigen Zeitpunkt und regelmäßig eingesetzt wurden, garantieren konnten, dass Rosenbeete vor Schönheit und Sauberkeit nur so strahlten.

Ihren Reiz als vielleicht schönste Zierpflanze überhaupt hat die Rose seitdem nicht verloren. Vielmehr haben neue Sortengruppen mit immer vielfältigeren Blütenfarben und -formen sowie reichem Duft ihre Attraktivität noch gesteigert. Am wichtigsten aber ist, dass Züchtungsfortschritte auch ihre scheinbare Abhängigkeit von Pflanzenschutzmaßnahmen beseitigt haben. Es gibt selbstverständlich keine Sorte, die von Schaderregern völlig verschont bleibt, aber es werden viele Züchtungen angeboten, die auch ohne chemische Pflanzenschutzmaßnahmen attraktiv sind.

Außerdem hat sich unser Verständnis gegenüber den Organismen geändert, die wir früher als „böse" Schädlinge und Krankheiten gebrandmarkt haben und am liebsten völlig ausgerottet hätten. Heute ist das Ziel moderner Gärtner, ein ökologisches Gleichgewicht zwischen den Rosen und den Lebewesen zu schaffen, die sich von ihnen ernähren.

Diese Neuauflage soll helfen, die Faktoren zu erkennen, die das Wachstum der Rosen beinträchtigen können, und aufzeigen, was mit den Rosen passiert, wenn sie „Schaden nehmen", warum sie dann nicht so aussehen, wie wir uns das wünschen. Denn die Bereitschaft, mit chemischen Pflanzenschutzmaßnahmen einzugreifen, ist bei den Gartenbesitzern seit den 1970er

Jahren deutlich gesunken und durch die Wahl widerstandsfähiger Sorten sowie eines geeigneten Standortes auch meist nicht mehr nötig.

Vielmehr versucht das Buch, auch die spannenden Lebenskreisläufe der Bakterien, Pilze und Tiere aufzuzeigen, die an und von Rosen leben und eine wertvolle Bedeutung im Ökosystem besitzen. Rosen und die Lebewesen, die sich von ihnen ernähren, sollten nicht mehr unbedingt als unvereinbar gesehen werden, sondern gemeinsam als Teil eines Lebensraums, der eine wichtige Bedeutung besitzt. Und, nebenbei gesagt, sind manche der Tiere, die in den Rosenbeeten leben, wie zum Beispiel der Rosenkäfer, von einer Schönheit, die mit der einer Rosenblüte durchaus konkurrieren kann.

An dieser Stelle sei all den Fachleuten gedankt, die durch ihren Rat und ihre Unterstützung die Entstehung dieser neuen Auflage möglich gemacht haben. Besonders erwähnt seien Dr. Thomas Brand und Frank Lehnhof (beide Pflanzenschutzamt Niedersachsen) sowie Dr. Burkhard Spellerberg (Bundessortenamt Hannover).

Heinrich Beltz

Wissenswertes über Rosen

Die Grundlage für eine erfolgreiche Rosenkultur ist das Wissen über die Lebensvorgänge in den Pflanzen. Nützlich sind außerdem Kenntnisse darüber, welche widerstandsfähigen Sorten es gibt und wie Sie Rosen richtig pflanzen und schneiden. All das erfahren Sie in diesem Kapitel.

Anatomie

Die Rose besteht aus den vegetativen Hauptorganen Wurzel, Stängel (Achse) und Blatt sowie dem generativen Organ der Blüte, die sich später zur Frucht entwickelt. Die Aufgaben dieser Organe sind naturgemäß sehr unterschiedlich.

Wurzel

Wurzeln haben die Aufgabe, die Pflanze in der Erde zu verankern und ihr Halt zu geben. Außerdem nehmen sie Wasser und Nährstoffe wie Stickstoff, Phosphor und Kalium auf, die im Wasser gelöst sind.

Beim Wurzelwachstum bleiben die vordersten Zentimeter der Wurzeln zunächst unverzweigt, erst später entstehen Seitenwurzeln. Dieser Verzweigungsrhythmus steht in Zusammenhang mit dem Längenwachstum. Neben den feinen Seitenwurzeln entwickeln sich Langwurzeln, die später die Hauptwurzeln bilden. Diese sorgen für eine den Bodenverhältnissen entsprechende Ausbreitung des Wurzelsystems und nehmen den größten Teil des Wassers und der Nährstoffe auf.

An den Wurzeln entwickeln sich verschiedene Wachstumsregionen, die in Bau und Aufgaben verschieden sind. Der jüngste Teil der Wurzeln ist die Wurzelspitze, die eine Länge von 2–7 mm aufweist. Die Wurzelspitze bildet

Wurzelwachstum bei einer Rose.

Wachstumszone (Zellteilung und Streckung)

Wurzelhaar (Saugzone)

Wurzelhaube (Schutzzone)

die sogenannte Wurzelhaube, die den dahinter liegenden Wurzelteilen Schutz bietet. Die darauf folgende Wachstumszone (Bildungszone) dient ausschließlich der Neubildung von Zellen und verlängert somit die Wurzeln. Sie ist sehr kurz, nur einige Millimeter lang. In ihr strecken sich die neu gebildeten Zellen. Direkt dahinter liegt die Saugzone (Ernährungszone), die mehrere Millimeter lang sein kann und dicht mit Wurzelhaaren versehen ist. Letztere entspringen der Wurzelhaut (Rhizodermis) und sind kurzlebig. Unter günstigen Bedingungen werden die Wurzelhaare innerhalb einiger Tage fortlaufend durch neue ersetzt. Die Wurzelhaare dienen der Aufnahme von Wasser und den darin gelösten Nährsalzen.

Direkt an die Saugzone mit den Wurzelhaaren schließt sich die Leitzone an, die von der Saug- oder Absorptionszone bis zur Wurzelansatzstelle führt. Dieser Zone fehlt die Oberhaut mit den Wurzelhaaren, daher kann sie kein Wasser mit Nährsalzen aufnehmen, sondern sie hat lediglich die aufgenommenen Substanzen in die Wurzel zu leiten.

Bei veredelten Rosen werden die Wurzeln von der Unterlage gebildet, die von Baumschulern als Wildling bezeichnet wird. Genau genommen besteht die veredelte Pflanze aus zwei miteinander verbundenen, genetisch unterschiedlichen Individuen. Im Gegensatz dazu werden „wurzelechte" Pflanzen aus Stecklingen oder Sämlingen vermehrt, und bei ihnen sind Wurzel und Spross genetisch identisch.

Spross

Der Spross ist der oberirdische Pflanzenteil. Er besteht aus Sprossachse, Blättern sowie Blüten und ist mit den Wurzeln verbunden. Er ist zunächst weich und kann bei manchen Pflanzen krautig bleiben oder, wie zum Beispiel bei Rosen, später verholzen.

Nach dem Auspflanzen im Herbst oder Frühjahr entstehen vorwiegend aus den oben stehenden Knospen („Augen") junge Triebe, die die Zweige bilden. Bei den weiter unten sitzenden sogenannten „schlafenden Augen", die als Reserveknospen dienen, unterbleibt der Austrieb meist. Die Haupttriebe bilden sich bei der veredelten Rose aus der Veredlungsstelle. Sie verzweigen sich später stark, meist durch Rückschnitt beeinflusst, und entwickeln eine größere Zahl Laubblätter. Aus den Blattachseln bilden sich neue, junge Triebe, die mit einer Blütenknospe enden. Dadurch, dass man während des Sommers die verblühten Rosen in der Regel mit zwei Laubblättern entfernt, treiben die direkt darunter liegenden Knospen aus dem mittleren Bereich aus, während die weiter unten liegenden Knospen im Ruhezustand verbleiben und für den Neuaustrieb im folgenden Jahr zur Verfügung stehen. Der Blütenertrag bei den Rosen wird zu ungefähr einem Drittel im Vorjahr durch

Je nach Rosenart oder -sorte können die Stacheln unterschiedlich ausgebildet sein.

Winterknospen bestimmt, während zwei Drittel im Vegetationsjahr gebildet werden.

Die unteren Teile der Jahrestriebe müssen jeweils ausreifen können. Das in Bodennähe befindliche Holz nimmt jedes Jahr an Dicke zu. Das natürliche Wachstum ist strauchartig (basitonisch), das heißt, die Pflanzen verzweigen sich vom Pflanzengrund her. Manche Wildrosen bilden auch Ausläufer, die im Garten nicht unbedingt erwünscht sind. Durch Veredlung auf eintriebige Wildlinge als Stammrosen kann auch baumartiges Wachstum erzeugt werden. Wegen des genetisch bedingten basitonischen Wachstums des Rosenstammes müssen dann aber die häufig entstehenden Stamm- und Bodenaustriebe (Wildtriebe) regelmäßig entfernt werden.

Stacheln

Anders als oft angenommen wird, bilden Rosen keine Dornen, sondern Stacheln. Denn als Dornen bezeichnet man Umwandlungen von Sprossachsen (z. B. beim Weißdorn oder Feuerdorn) oder Blättern, die mit tiefer liegendem Gewebe in Verbindung stehen.

Ein Stachel dagegen ist eine Ausstülpung der äußersten Zellschichten der Rinde. Beim Ablösen eines Stachels wird die Epidermis, auf der der Stachel aufsitzt, nicht unbedingt verletzt, sondern bei Rosen bleibt oft nur ein ovaler Ring einer braunen Korkschicht zurück.

Die meisten Rosentriebe, -zweige und oft auch die Unterseite der Blattnerven sowie manchmal auch die Hagebutten sind mit Stacheln bewehrt.

Es gibt nur wenige Arten und Sorten (z. B. *Rosa banksiae*), die völlig stachellos sind. Oft sind es extrem kräftige, gelegentlich auch mittelstarke bis feine, borstige Stacheln. Die Vielgestaltigkeit der Stacheln ist fast so groß wie die Vielfalt der Arten.

Ihre Stacheln schützen die Rosensträucher vor Tieren, die sie fressen oder beschädigen könnten, sie können aber auch bei Gärtnern unangenehme Verletzungen hervorrufen, die schlecht heilen. Die bestachelten Zweige, die bei Wildrosen sehr dicht stehen können, bieten darüber hinaus vielen heimischen Tierarten wertvolle Schutzräume.

Blatt

Neben den Wurzeln gehören die Blätter zu den wichtigsten Organen der Rosen. Durch sie wird Kohlendioxid (CO_2) aufgenommen und zu organischen Verbindungen verarbeitet. Die Blätter tragen außerdem durch Verdunstung zur Beförderung des Wasserstroms von den Wurzeln in alle oberirdischen Organe bei. In den ruhenden Knospen sind die Blattanlagen vorgebildet, beim Austrieb entwickeln sie sich dann und entfalten sich zu ihren arten- und sortentypischen Formen.

Rosa omeiensis var. *pteracantha* bildet besonders große, attraktive Stacheln.

Das Blatt wird in Blattgrund, Blattstiel und Blattspreite eingeteilt. Am Blattgrund befinden sich zwei kleine Nebenblättchen, die unterschiedlich ausgebildet sein können. Die Blätter sitzen auf einer kleinen Wulst am Stängelknoten.

Der Blattstiel macht es möglich, dass sich das Blatt bewegen kann, so dass es bei starkem Wind und Unwetter nicht abgerissen wird. Gleichzeitig dient er als Leitorgan für Wasser und Nährstoffe.

Die eigentliche Blattfläche (Blattspreite) ist beim Rosenblatt wesentlich komplizierter aufgebaut als zum Beispiel beim Blatt des Apfelbaums: Das Rosenblatt besteht aus 3, 5 oder 7, bei asiatischen Arten auch aus 15 und mehr Fiederblättchen, wobei immer ein einzelnes Fiederblatt das Rosenblatt vorne abschließt. Die Farbe der Blätter kann je nach Art und Sorte der Rosen unterschiedlich dunkel sein und zum Beispiel einen bronzefarbenen, rötlichen oder bläulichen Farbton besitzen.

Die Form der Fiederblättchen weicht unter den vielen Arten und Sorten nur unwesentlich voneinander ab, dagegen variieren die Blattränder, die Struktur und Farbe der Blattober- und -unterseite sehr stark.

Die Blattnerven (Blattadern) sind sehr ausgeprägt und deshalb gut sichtbar. Sie sind fiederförmig angeordnet. Das Netz von Nerven gibt dem Blatt

Rosenblätter mit 3, 5 und 7 Fiederblättchen können an derselben Pflanze zu finden sein.

Unterschiedliche Ansichten der Unter- und der Oberseite eines Rosenblattes.

den notwendigen Halt und sorgt einerseits für die Zuleitung von Wasser und Nährstoffen, andererseits für den Rücktransport der Assimilate.

Die kleinen blattartigen Nebenblätter sind meist auf beiden Seiten der Blattbasis und am Stiel angewachsen. Bei einzelnen Arten wie *Rosa banksiae* stehen sie frei. Die Form der Nebenblätter ist sehr unterschiedlich. Sie können als wertvolle Hilfe zur Bestimmung von Rosensorten dienen.

Die Laubblätter stehen bei Rosen wechselständig am Trieb, sie befinden sich also nicht einander gegenüber.

Blüte

Unter normalen Verhältnissen tragen alle oder fast alle Triebe als Abschluss eine Blüte oder einen Blütenstand. Die Blütenstände können etwas unterschiedlich aufgebaut sein, botanisch handelt es sich je nach Artzugehörigkeit meist um Doldenrispen, Schirmrispen, Rispen oder zusammengesetzte Rispen. Die Blüten der Rosen sind zwittrig, das heißt in ein und derselben Blüte befinden sich weibliche und männliche Geschlechtsorgane. Eine Rosenblüte kann selten aus 4, oft aus 5, bei gefüllten Sorten auch aus bis zu 100 Kronblättern (Petalen) bestehen.

Eine Rosenblüte besitzt 4–140 (weibliche) Fruchtblätter, die aus Narbe und Griffel bestehen. Die Narbe dient zum Auffangen der Pollenkörner (Blütenstaub).

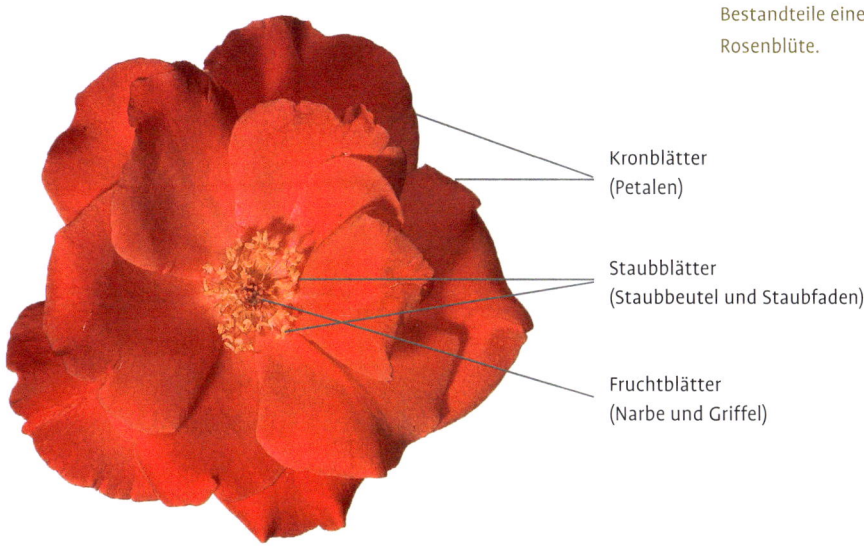

Bestandteile einer
Rosenblüte.

Kronblätter
(Petalen)

Staubblätter
(Staubbeutel und Staubfaden)

Fruchtblätter
(Narbe und Griffel)

Kelchblätter
(Sepalen) schüt-
zen anfangs die
Blütenblätter.

Die Gesamtheit der
Kelchblätter bildet den Kelch.

Die Anzahl der (männlichen) Staubbeutel beträgt etwa 50–200 je Blüte. Wenn diese reif sind, reißen die Staubbeutel und geben die Pollenkörner frei.

Der Formenreichtum der Rosenblüten ist enorm, wenn man bedenkt, dass es über 30 000 Rosensorten gibt, wobei der jeweilige Unterschied vorwiegend in der Blüte besteht.

Die Haltbarkeit einer aufgeblühten Rose bis zum Abfallen der Blütenblätter ist neben dem Verlauf der Witterung auch von der jeweiligen Sorteneigenschaft abhängig. Sie kann 2 bis etwa 7 Tage betragen.

Die eigentliche Rosenblüte ist von meist 5 grünen Kelchblättern (Sepalen) umgeben. Sie haben die Aufgabe, die zarten Blütenblätter sowie die Staub- und Fruchtblätter während ihres Wachstums zu schützen. Die Vielfalt an Formen von Kelchblättern, die wir bei den Rosen antreffen, ist beeindruckend.

Am frühesten blühen ab Mai manche Wildrosenarten (*Rosa hugonis*, *R. pimpinellifolia*), ab Ende Juni die öfter blühenden (remontierenden) Sor-

Im Winter sind Hagebutten für den Menschen willkommene Farbklekse und für Vögel ein gern gesehenes Futter.

ten. Bei mildem Wetter können diese Sorten im Freiland bis Weihnachten oder länger weiterblühen, und in geheizten Gewächshäusern blühen sie auch im Winter. Wildrosen und einmal blühende Sorten blühen meist etwa 4 Wochen lang, remontierende Sorten mit Pausen bis zum Herbst oder Winter.

Frucht

Aus den Blüten entwickeln sich nach erfolgreicher Befruchtung die Früchte, die bei Rosen als Hagebutten bezeichnet werden. Hagebutten sind Sammelnussfrüchte, die je nach Art und Sorte etwa 12, 45 oder mehr Samen (botanisch Nüsschen) enthalten. Die Hagebutten reifen im Spätsommer bis Herbst. Dann färbt sich ihre Schale meist rot, bei manchen Arten auch schwarz, und das Fruchtfleisch wird weich.

Die Früchte bilden eine wichtige Nahrungsgrundlage für unsere heimische Tierwelt. Denn sie werden von verschiedenen Tierarten gefressen, besonders von Vögeln, die dann über ihren Kot die harten Samen verbreiten. Hagebutten sind ungiftig und prinzipiell auch für den Menschen genießbar, allerdings würden beim Frischgenuss die Samenhaare („Juckpulver") stören. Hagebutten werden daher zu Grundstoffen für Kräutertee, zu Mus, Marmelade oder Wein verarbeitet.

Die Form der Samen in den Hagebutten ist sehr unterschiedlich. Auch die Größe variiert stark, vor allem zwischen Wild- und Kulturformen. Häufig sind sie etwa 3–6 mm lang und rundlich bis länglich geformt.

Rosen vermehren

Rosen können mit den unterschiedlichsten Methoden vermehrt werden. Am bekanntesten ist die Veredlung der Gartenrosen durch Okulation, aber auch die Aussaat und die Stecklingsvermehrung haben eine große Bedeutung.

Veredlung

Die meisten Kultursorten von Rosen werden durch Veredlung vermehrt. Besonders die Veredlungsmethode der Okulation besitzt den Vorteil, dass neue Sorten schnell in großen Stückzahlen vermehrt werden können, denn aus einer einzigen Knospe können sich die oberirdischen Teile der Pflanze völlig neu entwickeln. Außerdem wird das Wachstum schwachwüchsiger Sorten durch den starken Wuchs der Veredlungsunterlage gefördert.

Als Veredlungsunterlage, auch Wildling genannt, die die Wurzel der veredelten Pflanze bildet, werden aus Samen herangezogene Pflanzen von Formen oder Sorten verschiedener Rosenarten wie *Rosa canina*, *Rosa multiflora* oder *Rosa corymbifera* verwendet. Bevorzugt werden *Rosa corymbifera* 'Laxa' oder *Rosa canina* 'Inermis', die keine oder wenig Stacheln bilden. Das lateinische Wort *inermis* bedeutet übrigens nichts anderes als unbewehrt oder unbestachelt.

Okulation

Die häufigste Veredlungsmethode bei der Rose ist die Okulation, die im Sommer (meist Juli bis August/September) erfolgt. Dafür werden im Frühjahr Wildlinge aufgepflanzt und mit Erde angehäufelt. Vor der Veredlung wird der Wurzelhals durch Abhäufeln wieder freigelegt. Im Anschluss daran wird der Wurzelhals sauber geputzt.

Das Reis, ein Zweig der gewünschten Sorte, wird von der Mutterpflanze abgeschnitten, entblättert und entdornt. Wenn nötig, kann es danach ein paar Tage lang feucht und kühl gelagert werden.

Beim Veredeln selbst wird vom Edelreis ein Auge flach abgeschnitten, der Holzteil entfernt („gelöst") und am Wurzelhals der Unterlage ein T-förmiger Schnitt angebracht. Beim Anbringen des T-Schnitts wird die Rinde mit der Klinge oder einem speziellen Rindenlöser am Messer gelöst, das Auge unter die Rinde geschoben und die Veredlungsstelle „verbunden". Zum Verbinden benutzte man früher Bast, inzwischen wird ein als Okulationsschnellverschluss „OSV" oder „Okulette" bezeichnetes Gummiblättchen mit Metallklammer angebracht. Etwa 3 Wochen nach der Veredelung werden die

Rosen wieder angehäufelt, die Veredlungsstelle also mit einem Erddamm geschützt. Die Knospen (Augen) treiben normalerweise in der Vegetationsperiode nicht mehr im selben Jahr aus, sondern überwintern „schlafend". Im Spätwinter darauf wird nach den letzten strengen Frösten die Erde wieder abgehäufelt und der veredelte Wildling (das „Okulat") über der Veredlungsstelle „abgeworfen", das heißt abgeschnitten. Nach dem Austrieb der Veredlung den Sommer über wird, unter Umständen durch ein- oder mehrmaliges Pinzieren (Entfernen der Triebspitze) des ausgetriebenen Hauptzweigs, ein möglichst gut verzweigter Busch angezogen. Die Anwachsergebnisse der Veredlungen liegen nach Angaben aus der Praxis zwischen 60 und 90 %, je nach Sorte und Witterung.

Typischer Kulturablauf einer okulierten Rose:
1. Jahr: Im Herbst Samenernte; Beginn der Lagerung (Stratifizieren)
2. Jahr: Samenlagerung (Stratifizieren)
3. Jahr: Im Frühjahr Aussaat, im Herbst (Oktober/November) Rodung des einjährigen Sämlings (Wildling), Lagerung der Pflanzen meist im Kühlraum
4. Jahr: Aufschulen des Wildlings; im Sommer Veredeln (Okulieren); Überwintern mit schlafendem Auge
5. Jahr: Im Spätwinter Abwerfen der Wildkrone, im Frühjahr Austrieb der Veredlung, im Sommer Pinzieren, im Herbst Roden als einjährige Veredlung; evtl. Verkauf wurzelnackt in A- oder B-Qualität
Evtl. 6. Jahr: Im Winter Topfen, im Sommer Verkauf als blühende Containerrose

Da die Veredlungsstelle am Wurzelhals der empfindlichste Teil der Rose ist und Rosen im Gegensatz zu vielen anderen Gehölzgattungen eine tiefe Pflanzung gut vertragen, werden sie zum Schutz vor Frösten mit der Veredlungsstelle etwa 5 cm tief unter die Bodenoberfläche gepflanzt.

Reiserveredlung

Je nach gewünschter Pflanzenqualität und Arbeitsorganisation werden Rosen in manchen Baumschulen auch durch Reiserveredlung (Kopulation) im Winter vermehrt. Vor allem für Pflanzen, die im Schnittrosenanbau verwendet werden, ist diese Methode weit verbreitet. Dazu werden Wildlinge, deren Wurzelhals ausreichend dick ist, je nach Notwendigkeit unterschiedlich weit zurückgeschnitten, ein Edelreis der gewünschten Sorte aufveredelt (meist durch „seitliches Anplatten", seltener „Kopulation" oder „Geißfuß"), zum Schutz vor Verdunstung mit Folienband verbunden und im Gewächshaus weiterkultiviert. Das findet meist im Winter oder zu Beginn des Frühjahrs (von Dezember bis April) statt.

In Form solcher Winterhandveredlungen werden häufig Sorten auf kleine Stämmchen, oft auf *Rosa multiflora*, veredelt und später in Töpfen als Zierpflanzen verkauft.

Wildtriebe

Aus den Unterlagen veredelter Rosen treiben oft Wildtriebe aus, also Zweige der Veredlungsunterlage. Sie sind daran zu erkennen, dass sie unterhalb der Veredlungsstelle (also meist im Boden) entspringen, im ersten Wuchsjahr nicht blühen und oft heller als die Edelrose gefärbt sind. Anders als bei den meisten veredelten Rosensorten glänzen die Blätter nicht, sondern sind matt, und die Wildtriebe werden sehr lang, haben aber kaum oder keine Dornen.

Da sie das Wachstum der veredelten Rose schwächen, sollten sie möglichst schnell nach ihrer Entstehung entfernt werden. Am besten reißen Sie sie ab, statt sie abzuschneiden. Denn beim Abreißen wird der Astring entfernt oder beschädigt, der Teil der Rinde, aus dem weitere Wildtriebe ent-

Wildtriebe müssen schnellstmöglich entfernt werden.

springen können, und damit deren Neuaustrieb gehemmt. Wenn ein Wild-
trieb so stark entwickelt und verholzt ist, dass er sich nicht mehr abreißen
lässt, schneiden Sie ihn mit einem Messer oder einer Schere möglichst nahe
am Stamm (bei Stammrosen) beziehungsweise am Wurzelhals oder an der
Wurzel ab.

Aussaat

Wildarten werden meist generativ über Samen vermehrt. Dabei ist zu
beachten, dass Rosensamen, die im Herbst oder Winter geerntet wurden, je
nach Art häufig erst eine Vegetationsperiode lang gelagert werden müssen
(„überliegen"), bevor sie ausgesät werden können. „Überliegen" bedeutet,
dass die Samen zum Beispiel einer *Rosa canina*, die im Herbst 2020 gereift
und von Tieren ausgeschieden oder vom Menschen geerntet wurden, nicht
im folgenden Frühjahr 2021 keimen, sondern (in der Natur) im Boden liegen
oder (in Baumschulen) unter Naturbedingungen gelagert (stratifiziert) und
dann im Frühjahr 2022 ausgesät werden, bevor sie im Frühjahr 2022 keimen.

Manche Arten wie *Rosa multiflora* und *Rosa rugosa* liegen nicht über, sie
können also im Frühjahr nach der Ernte ausgesät werden. *Rosa canina, Rosa
corymbifera* und die meisten anderen Arten dagegen werden in Sand oder
einem Gemisch aus Sand und Torf unter naturnahen Bedingungen so gelagert, dass sie der Witterung ausgesetzt sind und Regen sowie kalte Wintertemperaturen auf sie einwirken können. Diese Form der Lagerung nennt
man „Stratifikation". Rosensamen werden meist nach etwa 16- bis 18-mona-
tiger Stratifikation ausgesät.

Steckling, Wurzelschnittling und Mikrovermehrung

Steckling

Manche Rosensorten können auch einfach durch Stecklinge vermehrt wer-
den, besonders bei Topfrosen für Zimmerpflanzen ist diese Methode üblich.
Aber auch manche Gartenrosen bilden leicht Wurzeln. Das ist von Sorte zu
Sorte sehr unterschiedlich. „Wurzelechte" Pflanzen, die nicht veredelt, son-
dern zum Beispiel durch Stecklinge vermehrt wurden, haben den großen
Vorteil, dass sie später keine Wildtriebe bilden. Daher werden besonders bei
Flächenbepflanzungen im öffentlichen Grün stecklingsvermehrte Pflanzen
bevorzugt. Bei manchen Gruppen wurzelechter Rosen wie „Urban Street-
light" oder „Cityflor" wird mit dieser guten Eigenschaft gezielt geworben.
Abgesehen davon entfällt durch die Stecklingsvermehrung die arbeitsauf-

wendige und damit teure Tätigkeit des Veredelns, für die auch immer schwieriger Arbeitskräfte zu finden sind.

Weiche, nicht ausgereifte Triebe werden als Stecklinge bezeichnet, verholzte, in Winterruhe befindliche als Steckholz.

Stecklinge werden im Sommer oder auch im Winter von Pflanzen, die im Gewächshaus angetrieben wurden, abgenommen. Meist werden sie so geschnitten, dass eine Blattknospe die Basis bildet und ein paar Zentimeter darüber eine Knospe mit einem Blatt, das bei Bedarf eingekürzt werden kann, die Spitze. Sie sind dann etwa 4–8 cm lang. Die Stecklinge werden in Platten oder Töpfe mit einem nährstofffreien oder -armen Substrat gesteckt und in einem Gewächshaus unter hoher Luftfeuchte (meist unter einem Folienzelt) aufgestellt, wo sie Zeit zur Bewurzelung haben. Je nach Sorte und Bedingungen sind sie nach etwa 2–4 Wochen bewurzelt, und die Folie kann schrittweise entfernt werden.

Bei Sorten, die schwer Wurzeln bilden, kann die Bewurzelung mit Hormonen wie Rhizopon AA angeregt werden, bei vielen Sorten ist das aber nicht nötig.

Manche Rosensorten bilden so leicht Wurzeln, dass sie als Schnittblumen sogar in der Vase bewurzeln. Solche bewurzelten Rosenstiele können zurückgeschnitten und mit der bewurzelten Basis in Erde umgepflanzt werden.

Rosen, die sich leicht als Steckling vermehren lassen, können auch im Ruhezustand im Winter als Steckholz vermehrt werden. In Deutschland ist diese Methode nicht üblich, im Ausland werden aber besonders Wildlinge von *Rosa multiflora* oft durch Steckholz vermehrt. Je nach Kulturbedingungen werden Steckhölzer manchmal etwas länger geschnitten als Stecklinge und brauchen normalerweise keine Folienabdeckung. Ansonsten ist die Vermehrung aber ähnlich wie bei Stecklingen. Im Gegensatz zu vielen Ziersträuchern werden Rosen als Steckholz normalerweise nicht in den Boden im Freiland gesteckt, sondern wie Stecklinge in Platten oder Töpfe in Gewächshäusern.

Wurzelschnittling und Mikrovermehrung

Bei manchen Arten ist auch die Vermehrung über Wurzelschnittlinge möglich und zum Beispiel bei *Rosa nitida* auch in der Praxis üblich. Dafür werden im Winter dickere Wurzeln von Verkaufspflanzen abgeschnitten, auf eine Länge von 2–4 cm gekürzt und im Frühjahr in Rillen im Freiland gestreut. Aus Knospen an den Wurzeln treiben dann Triebe und neue Wurzeln aus, im Herbst können die neuen Jungpflanzen gerodet, sortiert und im Frühjahr darauf verpflanzt werden.

Mikrovermehrung im Labor ist bei Rosen möglich, aber nicht üblich. Vermutlich ist der Arbeitsaufwand zu hoch.

Rosenstämme

Bei Stammrosen werden zwei oder drei Augen an gegenüber liegenden Stellen in der gewünschten Höhe (50–160 cm) veredelt. Zur Überwinterung werden die Stämme umgebogen und die Veredlungsstelle zum Schutz vor Frost in den Boden gesenkt. Damit sie nicht abbrechen, werden sie über die ursprüngliche Schnittstelle in Bodenhöhe, die einen Knoten bildet, hinweg gebogen und nicht von ihr weg.

Rosen können in verschiedenen Höhen auf Stämme veredelt werden. In Reihen gepflanzt bilden sie dann sehr attraktive Strukturen.

Um die dafür nötigen Stämme zu gewinnen, werden traditionell Sämlinge von stark wachsenden Wildlingssorten wie *Rosa canina* 'Pfänders' aufgepflanzt und nach einem Jahr zurückgeschnitten. Im zweiten Kulturjahr bilden sie dann lange Triebe, die stark genug sind, um daraus Hochstämme zu ziehen. Die Wildlinge werden Ende des zweiten Kulturjahres gerodet, sortiert und dann werden alle Triebe bis auf den stärksten abgeschnitten. Später werden sie aufgepflanzt, an ein Drahtspalier geheftet und wie auf Seite 16 beschrieben okuliert. Für Halbstämme können sie bei günstigen Kulturbedingungen auch schon nach einem Kulturjahr stark genug sein, so dass die Pflanzen gerodet werden können.

Formen von Stammrosen und Höhe der Veredlungsstelle, die später den Kronensatz bildet:

Zwergstamm, Ministamm, Fußstamm: 40 cm
Halbstamm: 60 cm
Hochstamm: 90 cm
Trauerstamm, Kaskadenstamm: 140 cm

Eine neuere Methode der Gewinnung von Wildlingsstämmen, die in den 1990er Jahren an der Leibniz Universität Hannover entwickelt wurde, ist der Langsteckling. Dafür werden lange Zweige von Wildrosenmutterpflanzen der Sorte 'Pfänders' im Juli geschnitten und unter „Fog" in Gewächshaus bewurzelt. Bei der „Fog-Vermehrung" (englisch *fog* = Nebel) wird unter sehr hohem Druck über Düsen Wasser zerstäubt, so dass im Kulturraum eine extrem hohe Luftfeuchte herrscht. Dort bewurzeln die Unterlagen bei sehr hoher Wärme schnell. Unter günstigen Bedingungen können mit dieser Methode innerhalb von 1,5–2,5 Jahren verkaufsfähige Stammrosen angezogen werden, während die bisher übliche Methode der Okulation einschließlich der Anzucht des Stammes 3–4 Jahre dauert.

Physiologie der Rose

Wer Maßnahmen zur Gesunderhaltung der Rosen treffen will, muss zunächst ihre Lebensvorgänge verstehen. In diesem Kapitel erfahren Sie, wie Rosen austreiben, zur Blüte und Frucht kommen und wie sie Nährstoffe aufnehmen und weiterverwenden, um zu wachsen oder Reservestoffe anzulegen.

Austrieb, Blüte und Fruchtbildung

Nach dem längeren Ruhezustand in der Winterperiode schwellen die Knospen im Frühjahr an und treiben aus. Dieser Austrieb erfolgt aus den im Spätsommer gereiften, über den Winter unverletzt gebliebenen Knospen (Winterknospen). Der neue Trieb wird aus den eingelagerten Reservestoffen wie Stärke ernährt, bis die Blätter die für den Nährstoffbedarf nötigen Assimilate selbst produzieren können, was je nach Witterungsverlauf längere Zeit beansprucht. Austrieb und Beginn der Blütezeit sind weitgehend temperaturabhängig. Untersuchungen haben gezeigt, dass für den Austrieb Temperaturen um 12 °C und für die Einleitung der Blütenbildung mindestens 18 °C erforderlich sind.

Das Aufblühen einer einfachen Rose dauert nach dem Aufbrechen der Kelchblätter 3 Tage, das einer gefüllt blühenden 5 Tage (bei einer Temperatur zwischen 18 und 25 °C). Die Blüten öffnen sich meist in den Mittagsstunden.

Die Haltbarkeit einer aufgeblühten Rose ist abhängig vom Verlauf der Witterung und der jeweiligen Sorteneigenschaft.

Die Bestäubung erfolgt bei den Rosen vorwiegend durch Insekten (Bienen), indem die Pollenkörner auf die Narbe gelangen und dort auf der unebenen, klebrigen Oberfläche festgehalten werden.

Die Befruchtung ist dann vollzogen, wenn der Pollenschlauch eines der auf der Narbe ausgekeimten Pollenkörner durch den Griffel in die weibliche Samenanlage hinuntergewachsen ist und sich eine der beiden im Pollenkorn befindlichen männlichen Samenzellen mit der Eizelle vereinigt hat. Daraus entsteht zunächst der Embryo

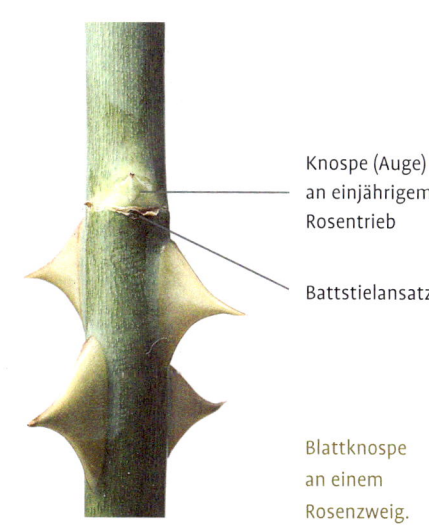

Knospe (Auge) an einjährigem Rosentrieb

Battstielansatz

Blattknospe an einem Rosenzweig.

Ausgereifte Rosenfrucht

Anordnung der Samenkörner
in der Frucht

Samenkörner

*Hagebutte mit
Samenkörnern
im Innern.*

und später dann der Keimling. Die andere Samenzelle verschmilzt mit dem sekundären Embryokern, woraus sich dann das Nährgewebe für den Keimling bildet. Das Produkt dieser Befruchtung sind die Samenkörner; der Fruchtknoten entwickelt sich zur Hagebutte.

Der hormonelle Anreiz zu diesem Wachstum wird bei der Befruchtung ausgelöst. Vom Moment der Befruchtung bis zur Reife der Hagebutte (Rosenfrucht) verändert sich die Zusammensetzung von deren Inhaltsstoffen fortlaufend. Mit Beginn der Reife (meist Rotfärbung) nimmt die Säure der Fruchtschale ab und der Zuckergehalt steigt an.

Nährstoffaufnahme und Stoffwechsel

Pflanzen brauchen zum Leben Licht, Wasser (H_2O), Luft (O_2 und CO_2) sowie Haupt- und Spurennährstoffe. Unter dem Ausdruck „Assimilation" versteht man allgemein die Aufnahme körperfremder Stoffe wie Sauerstoff sowie Kohlenstoff und deren Einbau in körpereigene, organische Substanz. Die Pflanze benötigt viele verschiedene Elemente. Kohlenhydrate und Fette enthalten zum Beispiel Kohlenstoff (C), Sauerstoff (O) und Wasserstoff (H), während Eiweiß zusätzlich Stickstoff (N), Schwefel (S) und andere Elemente (Nährstoffe) beinhaltet, die über die Wurzeln aufgenommen werden.

Der wichtigste Assimilationsvorgang in der Pflanze ist die Kohlenstoff-dioxid-Assimilation (Fotosynthese). Sie findet in den grünen, chlorophyll-haltigen Pflanzenteilen statt, also hauptsächlich in den Blättern. Dabei wird aus dem Kohlenstoffdioxid der Luft und aus Wasser Zucker aufgebaut und Sauerstoff freigesetzt. Die Energie für die Fotosynthese liefert das Sonnenlicht.

Die in den Blättern gebildeten Assimilate wandern durch die innere Rinde (die Siebröhren, das Phloem) zu allen aktiven Bildungsgeweben, das heißt in die Trieb- und Wurzelspitzen, in das Kambium, das das Dickenwachstum des Sprosses ermöglicht, sowie in die Speicherorgane, also die verholzten Spross- und Wurzelteile. Die grünen Blätter sind also die eigentliche „Energiefabrik" der Pflanze. Es muss deshalb bei der Rosenpflege oberstes Gebot sein, möglichst viele gut entwickelte und gesunde Blätter an jeder Rosenpflanze zu haben, um ein kräftiges Holzwachstum und ein reiches Blühen zu erreichen.

Benötigt die Pflanze Energie, zum Beispiel für das Wurzelwachstum, werden energiereiche Reservestoffe (Kohlenhydrate) abgebaut (Dissimilation). Dafür werden Wärme sowie Sauerstoff (O_2) benötigt, und Kohlenstoffdioxid (CO_2) wird frei. Deswegen ist ein ausreichender Sauerstoffgehalt des Bodens für den Stoffwechsel der Pflanze sehr wichtig.

Neben C, H und O aus Luft und Wasser braucht die Pflanze weitere Elemente, die meist im Wasser gelöst als Salze aufgenommen werden. Die Mineralstoffaufnahme aus dem Boden ist ein Assimilationsvorgang, in dem die aufgenommenen Elemente in körpereigene organische Verbindungen eingebaut werden. Im Wasser gelöste Nährstoffe wandern durch das Holz (Xylem) in die Blätter. Die Nährstoffaufnahme kann bis zu einem gewissen Grad selektiv erfolgen, das heißt die Wurzel kann die Stoffe, die sie aufnimmt, zum Teil „auswählen".

Für ein gutes Wachstum und reiches Blühen müssen den Rosen genügend Nährstoffe zur Verfügung stehen sowie genügend Bodenfeuchtigkeit und Bodenluft.

Deshalb müssen Sie bei der Düngung (der künstlichen Zufuhr von Nährstoffen) ganz besonders darauf achten, dass nie eine einseitige Düngung des Bodens erfolgt. Sorgen Sie stets für eine Zufuhr aller Haupt- und Spurennährstoffe.

Erfolgreiche Rosenkultur

Die Schaffung und Aufrechterhaltung der für Rosen geeigneten Standort- und Wachstumsbedingungen ist neben der fachgerechten Pflanzenpflege die Grundvoraussetzung für die Gesunderhaltung der Rosen. Nur so können Sie einen guten Wachstums- und Blüherfolg erzielen.

Boden

Neben dem Klima übt der Boden einen direkten Einfluss auf das Wachstum und den Gesundheitszustand der Rosenpflanzen aus. Ungünstige Bodenverhältnisse können den Stoffwechsel negativ beeinflussen.

Für ein gutes, ungehemmtes Wachstum der Rosen ist die Wahl eines geeigneten Bodens besonders wichtig: Er muss möglichst tiefgründig, gut wasserdurchlässig und frei von Nachbauproblemen (siehe Seite 84) sein und darf nicht zur Verdichtung neigen.

Rosen stellen vor allem in Bezug auf die Durchlüftung und die Abzugsmöglichkeit des Wassers besonders hohe Anforderungen an den Boden. In Böden, die zur Verdichtung und Verkrustung neigen, können die Wurzeln leicht an Sauerstoffmangel leiden, wodurch das ganze Wurzelsystem in seiner Ausbildung beeinträchtigt wird. Die Folge ist dann, dass zuerst die Wurzeln der Pflanze und dadurch dann auch die oberirdischen Pflanzenteile leiden, geschwächt werden, anfälliger für Schaderreger werden und letztlich die ganze Pflanze eingehen kann. Dass geeignete Bodenverhältnisse die Grundlage für eine gute Pflanzenentwicklung sind, darf aber nicht darüber hinwegtäuschen, dass die Rosen natürlich auch bei optimalen Standort- und Bodenverhältnissen von Schädlingen und Krankheiten befallen werden können.

Standortbedingte Wachstumsstörungen können durch Bodenmüdigkeit bzw. Nachbauschwierigkeiten (siehe Seite 84) und Nematoden (siehe Seite 105) verursacht werden.

Rosen sind Tiefwurzler, weshalb das ideale Bodenprofil für eine Rosenanlage über folgende Eigenschaften verfügen sollte:

1. Damit das Wasser im Boden stets eine Abzugsmöglichkeit hat, ist ein Untergrund aus Schotter, Kies oder Sand günstig.
2. Zwischenschichten können aus Lehm mit Tonanteilen bestehen, wenn der Untergrund das Wasser abfließen lässt.

Dieses Boden-
profil ist für die
Rosenkultur ideal.

Reiche Auflage
guter Ackererde

In die Tiefe geschwemmte
feine Humus- und Tonteilchen

Zwischenlage, bestehend
aus Mergel und Tonteilchen

Wasserundurchlässiger
Untergrund, bestehend
aus Jurakalk (Malm)

3. Die oberste Bodenschicht sollte im Idealfall 60–80 cm mächtig sein und aus tonreicher Ackererde mit einem Anteil von etwa 4 % Humus bestehen. Die Ton- und Humusbestandteile spielen eine wichtige Rolle bei der Speicherung von Wasser und Nährstoffen.

Bodenreaktion (pH-Wert)

Die Bodenreaktion wird als pH-Wert angegeben. Er beschreibt das Verhältnis von OH^-- zu H_3O^+-Ionen eines Mediums, also den Säuregrad. Der pH-Wert eines Bodens oder eines Substrates ist entscheidend für die Verfügbarkeit von Nähr- und Schadstoffen, die darin enthalten sind. Liegt er in einem ungünstigen Bereich, also zu hoch oder zu niedrig, können die Pflanzen manche Nährstoffe (besonders Spurenelemente) nicht mehr aufnehmen und andere (besonders Aluminium) erreichen toxisch hohe Konzentrationen. Häufig leiden die Pflanzen dann unter Wurzelschäden oder Gelbverfärbungen der Blätter (Chlorosen) oder beidem.

Auch für Rosen ist die Bodenreaktion sehr wichtig. Vor der Anpflanzung sollten Sie die Bodenreaktion, besonders beim Anlegen größerer Rosenkulturen und Beete, untersuchten, denn ein günstiger pH-Wert des Bodens oder Substrates ist eine ganz entscheidende Voraussetzung für ein gutes Wachstum Ihrer Rosen.

Unterschiedliche Messmethoden

Bei der Diskussion über pH-Werte in Böden und Substraten sollten Sie bedenken, dass von den Laboren unterschiedliche Messmethoden angewandt werden, die aber in der Literatur meist nicht erwähnt werden. Dadurch entstehen viele Missverständnisse.

Während in Deutschland die pH-Werte von Böden und Substraten üblicherweise in einer sauren Salzlösung (0,01-molare Calciumchloridlösung, $CaCl_2$) gemessen werden, um die leicht salzhaltige Bodenlösung nachzuahmen, werden sie im Ausland meist in destilliertem Wasser ($H_2O_{dest.}$, $Aqua_{dest.}$) gemessen. Die Messwerte beider Methoden differieren leider erheblich und lassen sich nicht gegenseitig umrechnen. Als Faustzahl gilt, dass der Messwert in Calciumchloridlösung ($CaCl_2$) etwa 0,5–1,0 Stufen niedriger liegt als in Wasser. Gibt also eine niederländische oder US-amerikanische Quelle einen pH-Wert von 7,0 an, ist zu vermuten, dass er in Wasser gemessen wurde und in Calciumchloridlösung zwischen 6,0 und 6,5 liegen würde.

Im folgenden Text beziehen sich die pH-Werte immer auf die in Deutschland übliche Methode in Calciumchloridlösung.

Günstiger pH-Wert-Bereich

Rosen wachsen gut bei pH-Werten (gemessen in Calciumchloridlösung) von etwa 4,5–6,0 auf den leichteren Böden und von 5,0–7,0 auf lehmigen Böden. In der Literatur werden häufig höhere pH-Wert-Bereiche von 6,5–7,5 angegeben, die vermutlich auf Messung in Wasser beruhen. Die Grenzen der genannten günstigen pH-Wert-Bereiche sind allerdings nicht scharf, sondern welche pH-Werte die Pflanzen vertragen, hängt zum großen Teil von der Nährstoffversorgung der Böden beziehungsweise der Düngung und der Bodenqualität ab. Auf sehr leichten, humosen Böden werden auch pH-Werte etwas unter 4,5 noch gut vertragen, pH-Werte unter 4,0 können aber erfahrungsgemäß zu deutlichen Wurzelschäden und Wachstumsstockungen führen. Auf leichten, sauren Böden sollten Sie nicht zu hohe Kalkmengen ausbringen, um den pH-Wert anzuheben, sonst drohen Probleme. Etwa 50–100 g kohlensaurer Kalk (Algenkalk, Dolomitkalk etc.) pro m² sollten als Einzelgabe bei leichten Böden nicht überschritten werden, bei schweren Böden sind bis 500 g/m² möglich.

pH-Wert-Schwankungen in Töpfen

Bei Rosen in Töpfen oder Kübeln ist es leider nicht damit getan, die Pflanzen in ein Substrat mit einem günstigen pH-Wert von zum Beispiel 5,0 zu topfen, denn der pH-Wert ändert sich während der Kultur je nach Gießwasserhärte und Düngung deutlich.

Grundsätzlich fördern fast alle Dünger mehr oder weniger stark die Versauerung des Substrats, während der Kalk im Gießwasser, der in der Wasserhärte ausgedrückt wird, zum Ansteigen des pH-Wertes führt. Im günstigsten Fall heben sich die Effekte der Düngung und der Wasserhärte auf, so dass der pH-Wert stabil bleibt. Das ist häufig bei einer Wasserhärte um 6–8 °dKH der Fall.

Nicht nur Regenwasser verwenden

Gelegentlich wird die Empfehlung gegeben, Pflanzen in Töpfen und Kübeln grundsätzlich nur mit Regenwasser zu gießen, das naturgemäß immer sehr weich (fast kalkfrei) ist. Das ist allerdings gefährlich, denn wenn ausschließlich das extrem weiche Regenwasser verwendet und gleichzeitig gedüngt wird, kann der pH-Wert des Substrates rapide absinken und zu Wurzelschäden führen. Wasser aus dem mittleren Härtebereich um 6–8 °dKH ist zum Gießen durchaus gut geeignet. Bei höherer Wasserhärte, die vor allem in Süddeutschland gelegentlich über 20 °dKH liegt, kann über besonders sauer wirkende Dünger ein pH-Wert-Anstieg verhindert werden. Bei sehr hartem Leitungswasser ist eine zumindest zeitweise Verwendung von Regenwasser daher durchaus empfehlenswert.

pH-Wert-Untersuchung

Der pH-Wert eines Bodens oder Substrates ist nicht einfach zu untersuchen und wird am besten in einem Fachlabor für Bodenproben gemessen. Eigenmessungen mit Lackmuspapier oder pH-Metern sind sehr ungenau und geben nur bei sehr groben Abweichungen vom Sollwert nützliche Informationen. Eine Probenuntersuchung in einem Fachlabor (pH-Wert, Hauptnährstoffe) kostet rund 25 €, eine pH-Wert-Untersuchung allein um 10 €.

pH-Wert-Korrektur

Wenn der pH-Wert in einem sehr ungünstigen Bereich liegt, hilft bei Pflanzen in Töpfen oder Kübeln nur eines: Topfen Sie möglichst schnell um! Der Versuch einer nachträglichen Regulierung des pH-Wertes mit Kalk oder Säure bei getopften Pflanzen richtet meist mehr Schaden als Nutzen an.

Böden sollten gekalkt werden, wenn sie zu sauer sind. Ein Absenken eines zu hohen pH-Wertes ist dagegen schwieriger zu bewerkstelligen. Hier können sauer wirkende Dünger eine gewisse Wirkung entfalten. Gelegentlich wird der Einsatz von Schwefel (Schwefelblüte) empfohlen. Damit keine Pflanzenschäden entstehen, muss er allerdings sehr vorsichtig erfolgen, unter regelmäßiger Begleitung von Bodenuntersuchungen.

Düngung

Die Nährstoffgehalte im Boden können durch entsprechende Düngungsmaßnahmen ergänzt werden, damit keine Probleme durch Mangel auftreten. Überversorgung ist für die Pflanzen allerdings ebenso schädlich wie Unterversorgung.

Bei der Düngung sollten Sie immer beachten, dass die Pflanzen bedarfsgerecht mit sämtlichen Nährstoffen versorgt werden müssen. Als Faustzahl kann angenommen werden, dass Rosen etwa 5 g Stickstoff (N), 2 g Phosphat (P_2O_5) und 3–4 g Kalium (K_2O) pro Jahr und m² für ihr Wachstum benötigen. Über die Angaben auf den Düngerpackungen von zum Beispiel „15-5-10" (15 % N, 5 % P_2O_5, 10 % K_2O) kann leicht hochgerechnet werden, welche Düngermenge für ein Beet benötigt wird. Spurenelementgaben sind normalerweise nicht nötig und sollten nur dann erfolgen, wenn ein Bedarf sicher festgestellt wurde. Am ehesten ist Spurenelementmangel auf sehr leichten, sandigen Böden zu erwarten.

Bewährt hat sich zum Beispiel die Düngung mit Hornspänen (50–60 g/m²), mit schnell löslichem Volldünger (30–40 g/m²) oder mit organisch-mineralischem Rosen-Spezialdünger (50 g/m² im Frühjahr und 40 g/m² im Frühsommer). Rosen vertragen nur chloridarme Dünger. Das sind die gleichen Produkte, die auch für andere Ziergehölze und Zierpflanzen angeboten werden. Chloridhaltige Dünger aus der Landwirtschaft wie Korn-Kali oder Kaliumchlorid sind ungeeignet.

Gerade schwerere Böden, die erhebliche Mengen an Nährstoffen speichern können, sollten in regelmäßigen Zeitabständen darauf untersucht werden, welche Reserven vor allem an Phosphor und Kalium sie enthalten, damit die Düngung entsprechend angepasst (meist reduziert) werden kann. Viele Gartenböden in Deutschland enthalten so hohe Phosphormengen, dass eine Düngung nicht empfehlenswert ist, vor allem wenn sie regelmäßig mit Kompost oder Stallmist versorgt wurden. Bei kleineren Beeten im Hausgarten ist eine regelmäßige Bodenuntersuchung nicht unbedingt sinnvoll, aber auch hier sollte sie zumindest bei Verdacht auf Probleme durchgeführt werden.

Grundsätzlich wirken organische Dünger (Hornspäne, Kompost, Guano, Stallmist etc.) deutlich langsamer als Mineraldünger wie „Blaukorn" und sind daher für die Pflanzen besser verträglich. Gerade auf leichteren Böden wirken sie auch länger. Auf schweren Böden ist dank deren guten Puffervermögens aber durchaus auch ein Einsatz von Mineraldüngern empfehlenswert, solange er in den richtigen Mengen verabreicht wird. Erwerbsgärtner verwenden überwiegend Mineraldünger. Spezielle Rosendünger sind für Rosen natürlich gut geeignet, preiswertere Dünger für den allgemeinen Einsatz können Sie aber ebenso gut wählen. Das Verhältnis von Stickstoff zu Phosphat und Kalium sollte etwa bei 3 : 1 : 2 liegen (z. B. 15-5-10 auf der Düngerpackung).

Häufig wird empfohlen, Rosen und andere Gehölze durch hohe Kaliumgaben oder kaliumbetonte Düngung gegen Frost und Schaderreger „abzuhärten". Dieser Rat ist leider falsch, hohe Kaliumgaben haben keinen günstigen Effekt auf die Pflanzen, sondern die Kaliumversorgung sollte nur den Bedarf der Pflanzen decken, also je nach Bodenvorrat normalerweise um 4 g K_2O pro Jahr und m² liegen.

Salzgehalt des Bodens

Wurzelnackte Rosen sind, wenn sie eingewurzelt sind, im Vergleich zu anderen Gehölzen nicht besonders salzempfindlich, denn sie gehören zu den in dieser Hinsicht weniger empfindlichen Kulturpflanzen. Dennoch können sie nach der Pflanzung oder dem Topfen beim Einwurzeln mit Schäden auf hohe Nährsalzgehalte reagieren. Das ist ein Stadium, in dem Rosen leicht durch überhöhte Salzgehalte geschädigt werden können.

Ein zu hoher Salzgehalt durch falsch kalkulierte Düngung oder aber durch Auftausalz kann dazu führen, dass die Blätter einrollen, vergilben und braune Ränder bekommen oder sogar ganz abgeworfen werden. Die Wurzeln werden in Mitleidenschaft gezogen, sie können braun werden oder sogar absterben. Deshalb sollten Sie eine Überdosierung von Dünger unbedingt vermeiden, selbst wenn er organischen Ursprung ist und daher langsam wirkt.

Wasserversorgung

Wasserüberschuss und Wassermangel können zu Symptomen führen, die einander ähneln. Wassermangel kann Welkeerscheinungen hervorrufen, wenn die Saugkraft der Wurzeln nicht mehr ausreicht, um das im Boden festgehaltene Wasser für die Pflanze nutzbar zu machen.

Wassergesättigter Boden hingegen verhindert den Gasaustausch und kann zu Wurzelschäden führen, die wiederum mangels Wasseraufnahme Welkeerscheinungen nach sich ziehen können, selbst bei hoher Bodenfeuchtigkeit.

Daher sollten Sie immer für ein harmonisches Verhältnis zwischen Luft und Wasser im Boden sorgen. Bei Trockenheit ist zu häufiges Gießen ungünstig, besser sollten Sie weniger häufig höhere Mengen an Wasser geben. Je nach Boden können 30 l/m² eine bedarfsgerechte Menge sein. Der Boden sollte sich möglichst so feucht wie ein ausgedrückter Schwamm anfühlen.

Temperatur

Hohe Temperaturen führen meist zu großen Wasserverlusten der Pflanzen, was Welkeerscheinungen nach sich ziehen kann. Auch wenn Rosen Wärme durchaus mögen, können extrem heiße Lagen ungünstig sein. Denn dadurch wird die Atmung intensiviert und die betroffenen Pflanzen können geschädigt werden. Um die Bodentemperaturen ausgeglichen zu halten, sollten Sie die Pflanzabstände (siehe Seite 38) so wählen, dass die Blätter den Boden vollständig schattieren, um während des Sommers die Bodentemperaturen in einem gemäßigten Bereich zu halten.

Niedrige Temperaturen können die Pflanzen ebenso schwächen wie sehr hohe, wodurch ein Krankheitsbefall begünstigt wird.

Spätfröste im Frühjahr können genau wie Frühfröste im Herbst Schäden an Trieben, Blättern, Knospen und Früchten hervorrufen. Wenn die Zellflüssigkeit gefriert, kann wasserreiches, junges Gewebe absterben und welken. Im Gegensatz dazu kann holziges, wasserarmes Gewebe im Winter gefrieren, ohne dass es zu Schäden kommt. Allerdings sind gefrorene Triebe besonders bei Sonne und Wind im Winter empfindlich gegen Austrocknen (Frosttrocknis). Gießen nützt aber bei gefrorenem Boden nichts, denn die Pflanze kann durch das Eis in ihren Gefäßen kein Wasser aufnehmen und weiterleiten. Vorsorgliches Schattieren oder Anhäufeln der Pflanzenbasis kann hingegen helfen.

Vorbereitung des Bodens für die Pflanzung

Rosenpflanzen können viele Jahrzehnte alt werden, daher ist eine sorgfältige Vorbereitung des Standortes einige Mühe wert. Sie sollten den Boden, wenn nötig, tiefgründig lockern, dabei größere Steine entfernen und Verdichtungen, die besonders auf Grundstücken in Neubaugebieten häufig sind, durchbrechen. Staunasse Horizonte müssen Sie unbedingt auflockern. Schwere, lehm- und tonhaltige Böden sollten bei der Bearbeitung und später bei der Pflanzung ausreichend abgetrocknet sein, sonst entstehen neue Verdichtungen. Günstig ist es, wenn Sie den Boden schon längere Zeit vor der Pflanzung gelockert haben, damit er sich in der Zwischenzeit wieder etwas setzen kann.

Eine eventuell vorhandene Grasnarbe sollten Sie abschälen. Aber graben Sie diese nicht unter, da das organische Material in tieferen Bodenschichten faulen kann und dabei pflanzenschädliche Gase freigesetzt werden, die die Wurzeln schädigen. Auch anderes unverrottetes Material wie Stallmist oder frischen Kompost sollten Sie nicht tief in den Boden einarbeiten, ebenso wenig wie andere organische oder mineralische Dünger, die Salzstress für die jungen Wurzeln verursachen können.

Rosen im Kübel

Rosen werden oft in Töpfen (Containern) von 3–10 l Inhalt verkauft. Wenn Sie die Pflanze im Topf weiter kultivieren wollen, können Sie sie in ein größeres Gefäß mit etwa 15–50 l Inhalt umtopfen, damit der Pflanze ausreichend Reserven an Wasser und Nährstoffen zur Verfügung stehen. Auch wurzelnackte Rosen sollten in Gefäße dieser Größe getopft werden. Wie bei der Pflanzung in den Boden sollten Sie Ringwurzeln am Rand des Wurzelballens zertrennen und die Pflanzen so tief topfen, dass die Veredlungsstelle 5 cm tief im Substrat (in der Pflanzerde) steht. Große Pflanzen sollten Sie gut befestigen.

Als Töpfe eignen sich alle Gefäße, die genügend Löcher zur Wasserabfuhr haben. Am praktischsten sind Pflanztöpfe aus Kunststoff, die preisgünstig, leicht und relativ stabil sind. Töpfe aus Ton, Steingut oder Terracotta sehen hübscher aus, können aber je nach Fabrikat mehr oder weniger zerbrechlich und frostempfindlich sein. Metall- oder Holzgefäße können innen mit Folie (mit Löchern am Boden!) ausgelegt werden, damit der Kontakt zwischen Erde und Metall bzw. Holz nicht zu eng ist. Dadurch kann die Haltbarkeit des Gefäßes verbessert werden.

Alle 1–5 Jahre sollten Sie die Pflanzen umtopfen, am besten im Winter oder frühen Frühjahr vor dem Austrieb. Das Volumen des Kübels sollte jedes Mal etwa 30 % größer sein als zuvor.

Wenn es aus Platz- oder Transportgründen nicht mehr möglich ist, die Pflanze in ein größeres Gefäß zu setzen, topfen Sie sie aus, lockern den alten Wurzelballen und entfernen einen Teil der äußeren Wurzeln sowie der alten Erde (etwa ein Drittel), bevor Sie sie in den alten Topf mit neuer Pflanzerde setzen. Zum Ausgleich für den Wurzelverlust werden die Triebe leicht zurückgeschnitten.

Pflanzerde

Als Substrat können Sie Blumen- oder Pflanzerde verwenden. Die Erde darf nicht zu fein sein und nicht zum Vernässen neigen, davon abgesehen sind Rosen nicht besonders anspruchsvoll. Der pH-Wert der Erde sollte um 5,0–6,5 liegen.

Es werden viele Rezepte für Eigenmischungen von Pflanzerden vorgeschlagen. Allerdings sind solche Rezepte mit großer Vorsicht zu betrachten, denn die Qualität der Bestandteile kann stark schwanken: Walderde ist nicht gleich Walderde, Pferdemist nicht gleich Pferdemist, Kompost nicht gleich Kompost, Kies nicht gleich Kies und Torf nicht gleich Torf. Je nach Herkunft solcher Substratausgangsstoffe können Nährstoffgehalte, pH-Werte, Struktur und alle anderen Eigenschaften stark voneinander abweichen. Wer gute Erfahrungen mit seiner Eigenmischung gemacht hat, kann natürlich dabei bleiben, aber ein Anmischen nach fremder Rezeptur ist ein Glücksspiel. Wer es versuchen möchte, sollte die Mischung vor der Verwendung untersuchen lassen: Lassen Sie zumindest den pH-Wert und besser auch den Salzgehalt vor der Verwendung in einem Labor messen.

Am sichersten gehen Sie, wenn Sie zu einer fertigen Kübelpflanzenerde eines renommierten Herstellers greifen. Solche Substrate werden mit großer Fachkenntnis angemischt und ihre Qualität, die wegen der natürlichen Rohstoffe schwanken kann, wird regelmäßig überprüft.

Lage und Standort

Für Rosen wählen Sie möglichst einen Standort aus, der vom Wind durchweht werden kann, nicht zu heiß ist und nicht von Regentraufen beeinflusst wird.

Bei der Pflanzung sollten die Pflanzabstände auf die betreffenden Arten und Sorten abgestimmt sein (siehe Seite 38).

Obwohl Rosen ganz allgemein zu den wärme- und sonnenliebenden Pflanzen gehören, sollten Sie sie nicht an einen Standort pflanzen, an dem sie der Sonne zu stark ausgesetzt sind. Vor allem, wenn die Wärme sich stauen kann und kein kühlender Wind weht, werden die Rosen Stress ausgesetzt, bestimmte Schaderreger gefördert, und die Pflanzen verblühen schnell. Auch die Gefahr von Winterschäden (Frosttrocknis) ist an sehr sonnigen Standorten am größten.

Daher sollten Sie Rosenbeete am besten nicht direkt vor Hauswänden anlegen, besonders in Süd- oder Westlagen. Ostseiten oder Nordwestseiten sind besser geeignet. In etwas Abstand von Gebäuden können Rosenbeete auch eine etwas bessere optische Wirkung entfalten.

Eine zu enge Nachbarschaft mit großen Pflanzen kann sich ungünstig auswirken, wenn Traufwasser von deren Kronen auf die Pflanzen fällt oder wenn deren Wurzeln eine starke Konkurrenz zu denen der Rosen bilden.

Wenn möglich, sollte der Boden des Standorts bedeckt werden. Zum Beispiel kann sich Rindenmulch günstig auswirken. Von Torf, der früher empfohlen wurde, ist wegen dessen saurer Wirkung und aus Gründen des Umweltschutzes abzusehen. Rasenschnitt ist nicht zum empfehlen, da er oft Unkrautsamen enthält.

Pflanzenqualität

Der Wachstumserfolg ist zum großen Teil von der Qualität der Pflanzen abhängig. Geeignete Rosenpflanzen müssen ein kräftiges, gesundes Wurzelsystem besitzen, eine gut verwachsene Veredlungsstelle und in der Regel 3 kräftige Triebe (A-Qualität). Pflanzen mit 2 Trieben (B-Qualität) können Sie

Links ist eine sehr stark verzweigte Rose in idealer Qualität zu sehen, rechts eine Beetrose in handelsüblicher A-Qualität mit guter Wurzelbildung.

natürlich auch verwenden. Diese sind oft preisgünstiger, müssen aber beim Anwachsen intensiver gepflegt werden, da sie schwächer sind. Pflanzen aus Töpfen (Containerpflanzen) eignen sich genauso gut wie wurzelnackte Pflanzen. Sie können aber auch im Sommer problemlos gepflanzt werden, während für die wurzelnackten Rosen die Hauptpflanzzeit von November bis April ist, stärkere Frostperioden ausgeschlossen.

Pflanzen, die unter ungünstigen Bedingungen aufbewahrt wurden, zum Beispiel in warmen Räumen von Supermärkten, und dort ausgetrieben sind, sind risikobehaftet. Sie müssen besonders gut gepflegt werden, und das Risiko von Schäden ist höher als bei Pflanzen, die ihren Bedürfnissen gerecht (z. B. kühl) gelagert oder zum Verkauf präsentiert wurden. Ähnliches kann für Pflanzen gelten, die mit der Post verschickt werden.

Pflanzung

Wurzelnackte Rosen können Sie sowohl im Herbst als auch im Frühjahr pflanzen, Rosen im Topf (Container) sogar ganzjährig. Bei der Frühjahrspflanzung kann sich der Blühbeginn allerdings etwas verspäten, besonders bei später Pflanzung im April oder Mai. Bis etwa Ende Mai ist die Pflanzung wurzelnackter Exemplare noch möglich.

Bei der Pflanzung kürzen Sie die Wurzeln wurzelnackter Pflanzen deutlich ein. Auch bei Rosen in Töpfen sind ein Lockern des Wurzelsystems und ein Durchtrennen ringförmig gewachsener, langer Wurzeln sinnvoll.

Bei der Herbstpflanzung schneiden Sie die Zweige besser nicht, da sie

Bei Rosen in Töpfen (Containern) sollten Sie vor der Pflanzung die Ringwurzeln durchtrennen.

über Winter sowieso zurückfrieren. Lediglich sehr lange, störende oder verletzte Triebe können Sie bei Bedarf abschneiden oder einkürzen.

Bei der Frühjahrspflanzung, wenn kein starkes Zurückfrieren mehr droht, kürzen Sie die stärkeren Triebe etwa 5 mm oberhalb einer nach außen stehenden Knospe (Auge) auf etwa 5 Knospen ein, schwache Seitentriebe auf wenige Zentimeter Länge.

Wässern

Da wurzelnackte Rosen für den Handel normalerweise in Kühlhäusern gelagert und überwintert werden, in denen sie etwas austrocknen, ist es im Frühjahr sinnvoll, sie nach dem Kauf oder der Anlieferung mindestens 8 Stunden lang (z. B. über Nacht) in einen Eimer mit Wasser zu stellen, damit sie genügend Flüssigkeit ins Gewebe aufnehmen können. Mehr als einen Tag lang sollten Sie sie allerdings nicht im Wasser stehen lassen, sonst können die Wurzeln faulen. Pflanzen, die im Boden eingeschlagen waren und dort schon neue, weiße Wurzeln gebildet haben, oder Pflanzen im Topf (Containerrosen) brauchen nicht ins Wasser gestellt zu werden. Wenn sie sehr trocken sind, können Sie sie ebenfalls in Wasser tauchen, aber nicht stundenlang, sondern nur ein paar Sekunden oder Minuten.

Pflanztiefe

Die Pflanzgrube sollten Sie mindestens ein Drittel breiter und tiefer ausheben, als es das Wurzelvolumen erfordern würde, und mit lockerer Erde füllen. Dadurch wird das Anwachsen erleichtert. Setzen Sie die Pflanze so tief

Die Pflanzgrube sollte mindestens ein Drittel breiter als der Wurzelballen sein.

in die Pflanzgrube, dass die als dicker Knubbel erkennbare Veredlungsstelle etwa 5 cm tiefer liegt als die Bodenoberfläche. Das ist bei Rosen anders als bei den meisten anderen Gehölzen, die nicht tiefer gesetzt werden dürfen, als sie in der Baumschule gestanden haben.

Rosen haben oft Wurzeln, die sehr straff und tief nach unten gewachsen sind. Bei der Pflanzung müssen Sie darauf achten, dass die Wurzeln nicht nach oben gedrückt werden, zum Beispiel weil das Pflanzloch nicht tief oder nicht breit genug ist. Die Wurzeln müssen genügend Platz haben, so dass sie gepflanzt werden können, ohne sich zu biegen, und sich genauso entfalten können, wie sie vorher in der Baumschule gestanden haben. Sonst ist sowohl das Anwachsen als auch das weitere Wachstum beeinträchtigt.

Nach der Pflanzung gießen Sie die Rosen gut an. Das sollten Sie auch dann tun, wenn Pflanze und Boden feucht sind, selbst bei leichtem Regen, denn durch das Angießen wird der Kontakt zwischen den Wurzeln und dem Boden verbessert.

Pflanzabstand

Der Pflanzabstand hängt von der Wuchsstärke der Rosen ab. Beetrosen werden mit etwa 3–5 Pflanzen pro m² gesetzt (rund 50–60 cm Pflanzabstand). Bei schwach wachsenden Sorten und Zwergrosen werden 5–10 Pflanzen pro m² (rund 30–50 cm Pflanzabstand) gepflanzt. Für Kletterrosen und Strauchrosen in Solitärstellung beträgt der Pflanzabstand mindestens 200 cm, bei Pflanzung in Gruppen mindestens 100 cm.

Integrierter Pflanzenschutz

Erscheinen Ihnen direkte Pflanzenschutzmaßnahmen nötig, müssen Sie sie, wie es das Pflanzenschutzgesetz vorschreibt, nach den Grundsätzen des Integrierten Pflanzenschutzes durchführen. Diese besagen, dass die Pflanzengesundheit vorrangig durch biologische, biotechnische, pflanzenzüchterische sowie anbau- und kulturtechnische Maßnahmen sichergestellt und der Einsatz chemischer Pflanzenschutzmittel auf das notwendige Maß beschränkt wird. Das ist nicht kompliziert und eigentlich nichts anderes als das, was jeder vernünftige Gärtner sowieso tut.

Viele Menschen lehnen den Einsatz chemischer Pflanzenschutzmittel im Hausgarten ab. Das ist wegen der damit verbundenen möglichen Risiken für Mensch und Umwelt verständlich. Allerdings müssen sie sich darüber im Klaren sein, dass mit Pflanzenstärkungsmitteln oder anderen Alternativprodukten zu Pflanzenschutzmitteln in der Regel keine so deutlichen Effekte wie mit chemischen Pflanzenschutzmitteln zu erreichen sind.

Dünger

Dünger, denen manchmal als Verkaufsargument ebenfalls Effekte auf die Pflanzengesundheit unterstellt werden, dienen der Pflanzenernährung und bilden somit eine Grundvoraussetzung für ein gesundes Pflanzenwachstum. Einen Effekt gegen Befall durch Krankheiten und Schädlinge besitzen sie aber nicht. Lediglich umgekehrt kann eine zu hohe Düngung, besonders an Stickstoff, die Empfindlichkeit der Pflanzen erhöhen. Eine überhöhte Menge an Stickstoff auf ein bedarfsgerechtes Maß zu reduzieren, fördert also durchaus die Widerstandskraft der Pflanzen, zum Beispiel gegen Blattläuse oder verschiedene pilzliche Erreger. Eine überhöhte Düngung mit Kalk, Kalium, Magnesium oder anderen Nährstoffen kann die Widerstandskraft nicht verbessern, sondern unter Umständen Schäden verursachen.

Nützlinge und Stärkungsmittel

Der Einsatz von Nützlingen (z. B. Nematoden gegen Larven des Dickmaulrüsslers) kann äußerst effektiv sein, wenn er fachgerecht durchgeführt wird. Mit dem Begriff „Stärkungsmittel" werden viele völlig unterschiedliche Produkte bezeichnet: Manche können erwiesenermaßen Pflanzen allgemein gegen Stress schützen, die Effekte mancher anderer Stärkungsmittel sind aber nicht nachgewiesen und daher umstritten.
Produkte mit einer direkten Wirkung gegen Schaderreger müssen laut Pflanzenschutzgesetz als Pflanzenschutzmittel zugelassen werden, auch wenn sie biologischer Herkunft sind. Wenn sie eine direkte Wirkung besitzen, dürfen sie also nicht als Stärkungsmittel angeboten werden. Gelegentlich entsteht bei manchen Präparaten der Eindruck, dass die Werbeversprechen von Prospekten oder Verkäufern umso größer sind, je geringer die Effekte der angepriesenen Produkte sind. Seien Sie daher misstrauisch gegen möglicherweise übertriebene oder sogar aus der Luft gegriffene Versprechungen.

Niemöl

Vorsichtig sollten Sie auch gegenüber Erzeugnissen pflanzlichen Ursprungs sein, die – ohne eine Zulassung dafür zu haben – als Pflanzenschutzmittel empfohlen werden. Ein Beispiel dafür ist Niemöl, das unter anderem im Internet angeboten wird. Niemöl wird aus den Samen des Niembaums (*Azadirachta indica*) gewonnen und kann über 100 verschiedene chemische Verbindungen enthalten, von denen einige eine hohe Wirksamkeit gegen Insekten besitzen, manche aber auch Auswirkungen auf den menschlichen Stoffwechsel. Aus gutem Grund ist der Einsatz von Niemöl im Pflanzenschutz nur dann erlaubt, wenn es in Form eines zugelassenen Pflanzenschutzmittels verabreicht wird (z. B. NeemAzal-T/S). Denn solche Pflanzenschutzmittel werden auf ihre Gehalte an Wirkstoffen und Verschmutzungen

(z. B. von Aflatoxinen) untersucht, und ihre Verträglichkeit für Mensch, Pflanze und Umwelt ist geprüft.

Die Zulassungsbedingungen beachten!

Wenn Sie sich für den Einsatz von Pflanzenschutzmitteln entscheiden, müssen Sie sich unbedingt an die Anwendungsbestimmungen halten. Auf keinen Fall dürfen Sie Mittel überdosieren. Die Vermutung mancher Gartenbesitzer, dass Produkte, die allein für den Erwerbsgartenbau oder die Landwirtschaft zugelassen sind, deutlich wirksamer seien als die für den Hausgartenbereich, stimmt nicht. Letztere unterliegen ebenso strengen Prüfungen wie die Profi-Produkte und reichen völlig aus. Alle möglichen kursierenden „Wundermittel" und „Geheimtipps" betrachten Sie am besten mit Skepsis.

Pflanzenschutzmittel sollten grundsätzlich abends ausgebracht werden und über mehrere Stunden antrocknen. Dann können systemische Wirkstoffe ungestört vom Pflanzengewebe aufgenommen werden, bevor die nächsten Niederschläge fallen. Alle gefährdeten Pflanzenteile müssen benetzt werden. Wenn bei der Ausbringung oder kurz danach hohe Temperaturen (über 25 °C) herrschen, verlieren manche Produkte ihre Wirksamkeit oder es können Schäden an den Pflanzen verursacht werden. Achten Sie daher auf den passenden Zeitpunkt für die Ausbringung.

Setzen Sie nur so viel Spritzbrühe an, wie Sie wirklich benötigen. Als Faustzahl gilt, dass 1 l Brühe für etwa 10 m² Fläche reicht. Nach der Behandlung spülen Sie die Spritze aus und bringen die Spülflüssigkeit über den behandelten Pflanzen nach deren Abtrocknen aus. Leere Pflanzenschutzmittelbehälter werden sauber ausgespült (Spülflüssigkeit der Spritzbrühe beigeben) und dürfen dann dem Hausmüll oder bei entsprechender Kennzeichnung dem Recycling-System (Glas- und Papierrecycling, Gelber Sack, Gelbe Tonne) zugeführt werden. Nicht mehr zugelassene Pflanzenschutzmittel geben Sie genauso wie Pflanzenschutzmittel, die nicht mehr verwendbar sind, weil sie zum Beispiel eingetrocknet sind, in die Sondermüllsammlung, wo sie fachgerecht entsorgt werden.

Die in diesem Buch erwähnten Pflanzenschutzmittel werden ohne Anspruch auf Vollständigkeit und entsprechend dem Zulassungsstand vom Februar 2020 genannt. Vor einer Anwendung holen Sie bitte aktuelle Informationen über die Zulassung ein (siehe Anhang).

Gartentelefon

Unterstützung bei der Diagnose von Pflanzenschäden können Sie zunächst von erfahrenen Hobby- oder Profigärtnern bekommen. Besonders fachkundige Hilfe bieten Beratungs-Hotlines der Gartenakademien („Gartentelefon") und der Pflanzenschutzämter an. Ein Problem bei der „Fernberatung" am Telefon vom Schreibtisch aus ist allerdings die Beschreibung des Schadbilds. Am wichtigsten ist zunächst die korrekte Nennung der Pflanzenart und wenn möglich auch der Sorte. Wichtig ist die Beschreibung des Standortes (wie viel Sonne, welcher Boden, Feuchtigkeit), der zuletzt durchgeführten Dünge-, eventuell Pflanzenschutz- und anderen Pflegemaßnahmen.

Die Telefonnummern der Gartenakademien können Sie auf den Service-seiten am Schluss dieses Buches nachschlagen, bei den Gartenakademien erhalten Sie auch die Telefonnummern der für Sie zuständigen Pflanzen-schutzämter.

Beratung am Telefon ist meist kostenlos. Wenn Sie Pflanzenproben ein-senden oder zu den Pflanzenschutzämtern bringen, müssen Sie je nach Auf-wand mit moderaten Gebühren für die Diagnose rechnen. Falls Sie Pflanzen-proben einsenden möchten, erkundigen Sie sich am besten zunächst beim Untersuchungslabor, wie die Proben genommen, verpackt und wann sie abgesendet werden sollen, damit sie nicht mehrere Tage lang in der Post lie-gen und verderben.

Hinweise im Internet

Die Pflanzenschutzhinweise vieler Internetseiten sind leider von sehr schlechter Qualität. Häufig werden völlig falsche Maßnahmen und „Haus-mittelchen" empfohlen, die auf Gerüchten basieren, aber unbewiesen oder manchmal sogar falsch sind. Eine rühmliche Ausnahme im Internet ist die Datenbank Arbofux der Hochschule Weihenstephan-Triesdorf, die als Infor-mationsquelle sehr zuverlässig und daher – neben den Empfehlungen der staatlichen Pflanzenschutzdienste und Pflanzenschutzämter – zu empfeh-len ist.

Digitalfotos

Eine gute Möglichkeit, bei Ferndiagnosen das Schadbild zu verdeutlichen, sind Digitalfotos, die schnell per E-Mail verschickt werden können. Dabei sollten Sie beachten, dass die Bilder wirklich scharf und richtig belichtet sind, sonst nützen sie meist wenig. Je nach Schadbild ist es oft hilfreich, wenn zunächst ein Foto der Pflanze mit ihrem Umfeld gemacht wird, auf dem ihr Standort zu erkennen ist, also die benachbarten Pflanzen, Gebäude usw. Dann sollte ein gutes Bild der gesamten Pflanze aufgenommen wer-den, auf dem der Schaden und seine Position an der Pflanze zu erkennen ist, und dann in immer kleineren Abständen der Schaden selbst. Da die Fotos am Bildschirm begutachtet und nicht gedruckt werden, reicht meist die Einstellung einer geringen Auflösung an der Kamera und entlastet das elektronische Postfach.

Nichtparasitäre Schäden

Ein großer Anteil der Schadsymptome, die an Rosen zu finden sind, hat keine parasitären (biotischen), sondern andere Ursachen. Es handelt sich hierbei um physiologische Störungen und Verletzungen, die sogenannte abiotische Schäden zur Folge haben.

Ursachen für abiotische Schäden

Physiologische Veränderungen sind oft auf Störungen des pflanzlichen Stoffwechsels zurückzuführen, die auf Mangel oder Überschuss an Nährstoffen oder auf Einflüssen von Schadstoffen beruhen. Aber auch Wettereinflüsse (Trockenheit, Nässe, Temperaturen, Einstrahlung) und mechanische Verletzungen können solche Veränderungen verursachen.

Physiologische Störungen und Verletzungen

Da physiologische Störungen (die sog. abiotische Schäden verursachen) nicht durch Schadorganismen (Schädlinge, Krankheitserreger) hervorgerufen werden, sind sie auch nicht von Pflanze zu Pflanze übertragbar.

Abiotisch verursachte Schäden sind meistens Pflegefehler: Mangel oder Überschuss an den Wachstumsfaktoren Licht, Luft, Wasser, Nährstoffe, Temperatur. Falsche Pflanzung, ungenügende Ernährung, ungünstiger pH-Wert, falsche Standortwahl etc. können sowohl direkt Schäden verursachen als auch Befall durch Schaderreger fördern. Fachleute schätzen, dass mindestens die Hälfte aller zur Diagnose eingesandten Schäden auf Pflegefehler zurückzuführen ist.

Schäden durch physiologische Störungen können sich in verschiedenen Symptomen (Verfärbungen, Absterbeerscheinungen, Wachstumsstörungen) äußern und treten bei Rosen recht häufig auf. Die Voraussetzung dafür, dass Rosen möglichst wenig unter physiologischen Schäden leiden, sind die Auswahl eines gut geeigneten Standorts und bedarfsgerechte Pflegemaßnahmen.

Häufige Ursachen von Schäden an den Zweigen und Blüten sind außerdem Verletzungen an den Trieben. Oft werden sie bei der Unkrautbekämpfung oder der Bodenlockerung durch Werkzeug im unteren Bereich der Pflanzen hervorgerufen, gelegentlich aber auch mit den Schuhen beim Betreten der Beete. Rosen reagieren auf Beschädigungen der Rinde (und ebenso der Wurzeln) außergewöhnlich empfindlich. Als Folge können Wachstumsstockungen oder auch Infektionen durch Krankheitserreger im Holz auftreten. Bei entsprechenden Symptomen sollten Sie genau nach der Schadursache suchen und Beschädigungen möglichst sofort herausschneiden.

Auch unvorsichtige Schnittmaßnahmen oder Frostschäden im Winter können entsprechende Schäden an den Zweigen hervorrufen. Da die Symptome oft erst lange Zeit nach der Verletzung des Holzes auftreten, ist die Suche nach der Ursache des Schadens oft schwierig.

Nährstoffmangel

Erhalten Pflanzen einen Nährstoff in zu geringer Menge, liegt
ein Nährstoffmangel vor. Dieser kann sich in einem Wachstums-
rückstand ohne weitere Schadsymptome (latenter Mangel)
äußern oder auch deutliche Schadbilder zeigen (akuter Mangel).

Chlorosen durch Stickstoffmangel

Nicht selten treten am Laub von Rosen Gelbverfärbungen (Chlorosen) auf.
Die Chlorosen entstehen dadurch, dass in dem verfärbten Blattgewebe kein
oder sehr wenig Chlorophyll gebildet wird. Die Ursachen dafür können
unterschiedlich sein, häufig ist Mangel an Nährstoffen wie Stickstoff, Eisen,
Mangan oder Magnesium der Grund.

Eine Hellverfärbung der Blätter bis hin zur Chlorose kann das Resultat
von Stickstoffmangel sein. Ein deutliches Unterscheidungsmerkmal zu
Chlorosen durch Eisenmangel ist, dass beim Stickstoffmangel wegen der
guten Beweglichkeit dieses Nährstoffes im Pflanzengewebe auch die Blattnerven gelb gefärbt sind. Es handelt sich also, anders als beim Eisen-, Man-
gan- oder Magnesiummangel, nicht um Chlorosen der Bereiche zwischen
den Blattadern (Interkostalfelder), sondern die Blätter sind großflächig
zunächst hellgrün und später gelb gefärbt. Eine klare Gelbverfärbung ist
selten, normalerweise ist nur eine Aufhellung zu einem Gelblichgrün oder
Grünlichgelb zu sehen.
Gelegentlich kommt noch
eine Rotfärbung dazu.
Meist sind die älteren
Blätter stärker betroffen
als die jüngeren, der
untere Bereich des Triebes
zeigt dann deutlichere
Symptome als der obere.
Vorbeugung: Düngen Sie
ausreichende Mengen an
Stickstoff. Stickstoff ist in
der Pflanze und auch im
Boden sehr beweglich.
Daher kann er besonders
auf leichten (Sand-)böden
durch Regenfälle schnell

Rosenblatt mit
Stickstoffmangel
(rechts) im Ver-
gleich zu ausrei-
chend ernährtem
Blatt (links): Der
Unterschied ist
deutlich zu er-
kennen.

in tiefere Bodenschichten ausgewaschen werden, wo er der Pflanze nicht mehr zur Verfügung steht. Besonders auf diesen Böden ist daher eine Düngung mit einem langsam wirkenden, organischen Dünger (z. B. Hornmehl, -grieß, -späne) statt eines schnell wirkenden Mineraldüngers sinnvoll. **Gegenmaßnahmen:** Bis Ende Juni kann eine Stickstoffdüngung über den Boden sinnvoll sein. Geben Sie dafür kleinere Mengen eines schnell wirkenden Düngers. Bei Böden mit sehr hohen pH-Werten ist Ammoniumsulfat („Schwefelsaures Ammoniak", SSA) geeignet, bei niedrigen pH-Werten Calciumnitrat (Kalksalpeter, KS). Ansonsten sind auch Kalkammonsalpeter (KAS) oder bei gleichzeitigem Phosphor- und Kaliummangel mineralische Mehrnährstoffdünger zum Beispiel der Zusammensetzung 15-5–10 geeignet. Bei Trockenheit sollten Sie ausreichend gießen, damit der Dünger den Wurzelbereich erreicht.

Als Alternative können Sie bis etwa Ende August durch Blattspritzungen mit einem geeigneten Dünger (z. B. Harnstoff) die Laubfärbung verbessern.

Chlorosen durch Eisenmangel

Bei Chlorosen durch einen Mangel am Mikronährstoff Eisen bleiben die Blattadern zunächst grün und zeichnen sich sehr fein verzweigt von den gelben Interkostalfeldern ab, die zwischen den Blattnerven liegen. Charakteristisch für Eisenmangel ist, dass er zuerst an den Triebspitzen auftritt, da Eisen in der Pflanze schlecht beweglich ist und nicht von den älteren Blättern in die jungen transportiert werden kann. Bei starkem Eisenmangel können die Interkostalfelder statt gelb auch weiß werden und es können schwarze Verfärbungen (Nekrosen) an den Triebspitzen sowie den Blättern entstehen. Wachstumsstockungen und in extremen Fällen Kümmerwuchs können die Folge sein. Typisch bei Eisenmangel ist, dass nur einzelne Pflanzen im Beet oder sogar nur einzelne Triebe betroffen sein können, der Schaden ist oft sehr ungleichmäßig verteilt. Eisenmangel tritt relativ häufig auf, besonders oft an *Rosa rugosa* und Kultursorten, die von dieser Art abstammen.

Eisen ist in den meisten Böden in ausreichenden Mengen vorhanden. Üblicherweise wird der Mangel aber dadurch verursacht, dass die Wurzeln das vorhandene Eisen nicht aufnehmen können. Dieser Fall kann zum Beispiel durch hohe Karbonatgehalte im Boden entstehen, vor allem bei sehr hohen pH-Werten. Außerdem können Wurzelschäden infolge von Staunässe oder durch Trockenheit die Ursache für Eisenmangel sein. Auch Schäden an den Trieben zum Beispiel durch Frost oder Abknicken können Chlorosen der oberen Bereiche zur Folge haben.

Vorbeugung: Zunächst sollten Sie darauf achten, dass der Boden, in den die Rosen gepflanzt werden, für sie geeignet ist. Der pH-Wert (gemessen in

Eine Chlorose durch Eisenmangel kann bei zu hohem pH-Wert im Boden vorkommen.

Eisenmangel wie hier an *Rosa rugosa* tritt oft an einzelnen Zweigen auf.

$CaCl_2$-Extrakt) sollte in einem günstigen Bereich unter 6,5 (Sandböden) beziehungsweise 7,0 (Lehmböden) liegen und die Bodenstruktur sollte so beschaffen sein, dass weder Staunässe noch extreme Trockenheit zu erwarten sind. Vermeiden Sie unbedingt zu hohe Gaben von Kalk und Düngern.

Gegenmaßnahmen: In frühen Stadien des Mangels mit nur leichten Symptomen können Sie Eisenchelat-Dünger (Fe-EDDHA oder Fe-EDTA) gießen oder über die Blätter spritzen. Starke Chlorosen lassen sich damit aber nicht mehr beheben. Eisensulfatgaben wirken bei hohem pH-Wert im Boden nicht ausreichend.

Einzelne Triebe, die durch Beschädigungen chlorotisch geworden sind, schneiden Sie einfach unterhalb der Beschädigung ab. Eine nachhaltige Wirkung gegen Eisenmangelchlorosen auf Boden mit zu hohen pH-Werten kann die Absäuerung des Bodens mit möglichst saurem Humus oder aber mit wiederholten Gaben von sauer wirkendem Dünger (z. B. Ammoniumsulfat) bieten.

Chlorosen durch Mangan- und Magnesiummangel

Chlorosen durch Mangel an Magnesium oder Mangan sind im Vergleich zu denen durch Eisenmangel eher verwaschen und besitzen einen mehr oder weniger breiten grünen Hof um die Blattnerven. Die Blattnerven sind zwar erkennbar, aber nicht so schmal grün gefärbt wie bei Eisenmangel. Betroffen sind – anders als bei Eisenmangel – meist die älteren Blätter im mittleren oder unteren Bereich des Triebes.

Mangan und Magnesium sind zwar zwei völlig unterschiedliche Nährstoffe, die Mangelsymptome ähneln sich aber sehr und sind kaum voneinander zu unterscheiden.

Starker Mangan- oder Magnesiummangel kann zu Wachstumsstockungen und Blattfall führen, aber solange er nur in geringem Ausmaß auftritt und die überwiegende Blattfläche der Pflanzen grün bleibt, ist er meist harmlos.

Manganmangel tritt besonders auf trockenen Böden mit hohen pH-Werten auf, Magnesiummangel wird vor allem durch hohe Gehalte an Calcium und/oder Kalium im Boden hervorgerufen. Blatt- oder Bodenuntersuchungen können klären, ob Magnesium- oder Manganmangel die Ursache der Chlorosen ist.

Vorbeugung: Um Magnesium- und Manganmangel vorzubeugen, sollte auf einen geeigneten Standort (nicht zu hoher pH-Wert, nicht zu trocken), eine bedarfsgerechte Düngung (nicht zu hohe Kalkung oder Kaliumdüngung) und eine ausreichende Wasserversorgung geachtet werden.

Manganmangel kann eine Chlororse verursachen.

Auch Magnesiummangel zeigt sich durch eine Chlorose an den Blättern.

Gegenmaßnahmen: Bei Bedarf können Sie magnesiumhaltige Dünger (z. B. Bittersalz) oder manganhaltige Produkte einsetzen, eventuell als Blattspritzung. Das ist allerdings nur im Frühsommer sinnvoll, später reagieren die Pflanzen nicht mehr darauf. Bei Manganmangel kann die Verbesserung der Wasserversorgung und eine Verabreichung sauer wirkender Mineraldünger wie Ammoniumsulfat oder Gaben von möglichst saurem Humus die Symptome lindern.

Unter Extrembedingungen kann eine Blütenaufhellung (hier an 'The Fairy') durch Spurenelementmangel (vermutlich Kupfermangel) verursacht sein.

Blütenaufhellung durch Nährstoffmangel

Gelegentlich wird berichtet, dass die Nährstoffgehalte des Bodens und die Nährstoffzufuhr (Düngung) die Färbung der Rosenblüten beeinflussen können. Besonders bei Magnesiummangel sollen die Blüten blass gefärbt sein. Umfragen bei Rosenbaumschulen konnten diese Annahme allerdings nicht bestätigen, dort wurden solche Aufhellungen durch Magnesiummangel bisher nicht beobachtet.

In Versuchen zeigte sich, dass die Blütenfarbe der Sorte 'The Fairy' (zusätzlich zu Chlorosen und Wachstumsdepressionen) von Rosa zu Weiß umschlagen kann, wenn die Pflanzen in Torfsubstrat ohne Spurenelementdüngung angezogen wurden. Vermutlich war Kupfermangel die Ursache für diese Blütenaufhellung. Dieser Farbumschlag entstand allerdings unter Extrembedingungen, die in der Praxis nicht auftreten sollten.

Eine harmonische Nährstoffzusammensetzung der eingesetzten Dünger und bedarfsgerechte Dosierung führen zu einem guten Wachstum mit dunkelgrüner Laubfärbung, bei Stickstoffmangel wird das Laub hell. Aber dass die Nährstoffversorgung einen besonderen Einfluss auf die Blütenfärbung besitzt, ist normalerweise nicht der Fall.

Aufhellungen der Blütenfarbe können beispielsweise durch Lichtmangel, Befall mit Krankheitserregern oder Thripsen sowie durch Einstrahlungsschäden (Sonne, Hitze) hervorgerufen werden.

Gegenmaßnahmen: Zunächst müssen Sie die Ursache der Blütenaufhellungen klären, dann sollten Sie die jeweils geeigneten Gegenmaßnahmen ergreifen.

Schäden durch Dünger und Pflanzenschutzmittel

Manche Pflanzenschutzmittel, Dünger, Reinigungsmittel und Auftausalze können bei unsachgemäßer Anwendung (vor allem Überdosierung) erhebliche Schäden an Pflanzen verursachen.

Vorsicht ist angesagt

Auch die für den Bioanbau zugelassenen Pflanzenschutzmittel mit Wirkstoffen wie Kaliseife, Ölen, Schwefel oder Kupfer genauso wie die im Bioanbau verwendeten Dünger können Schäden an Pflanzen verursachen. Sie sind keineswegs besser verträglich als die Betriebsmittel im konventionellen Anbau. Und selbst bei fachgerechter Dosierung der Produkte können bei ungünstigen Witterungsbedingungen Schäden durch Pflanzenschutzmittel und Dünger aller Kulturweisen auftreten. Besonders empfindlich sind Pflanzen, wenn sie bei Sonne und hohen Temperaturen behandelt werden, nachdem eine kühle und einstrahlungsarme Witterungsperiode vergangen ist. Denn dann ist ihr Gewebe sehr weich und empfindlich.

Solche Schädigungen können sich in gelben oder braunen Flecken auf Blättern und Trieben und/oder Wachstumsdeformationen zeigen. Meist treten die Schäden innerhalb einer Woche nach der Anwendung auf, aber gelegentlich (bei Anwendung im Winter) auch erst nach Monaten.

Verschmutzungen von Spritzen können ebenfalls eine Ursache für Pflanzenschäden sein, besonders wenn mit einer Spritze erst ein Herbizid ausgebracht wurde und danach ohne ausreichende Reinigung ein Insektizid oder Fungizid über die Pflanzen gespritzt wird. Im Erwerbsgartenbau werden daher normalerweise unterschiedliche Spritzen für Herbizide und für Insektizide/Fungizide verwendet. Zumindest muss die Spritze nach jedem Einsatz von Pflanzenschutzmitteln gut gereinigt werden.

Im Profibereich ist es Pflicht und im Hobbybereich ratsam, Aufzeichnungen über Pflanzenschutzmitteleinsätze zu führen, damit im Falle eines Schadens besser nachvollzogen werden kann, wann und womit die Pflanzen behandelt wurden.

Diese Verbrennungen wurden durch Düngerkörner verursacht, die nach dem Aufstreuen auf den Pflanzen liegen geblieben sind.

Zu hohe Dünger-gaben können zu Verbrennungen führen, hier an *Rosa rugosa*.

Überdüngung

Rosen sind zwar recht nährstoffbedürftig, zu hohe Düngergaben können aber zu Salzschäden führen. Dabei werden in der Regel zunächst die Blatt-ränder braun und sterben ab. Je nach Ausmaß der Salzschäden können die Pflanzen welken und auch Blätter abwerfen. Vor allem die älteren Triebe oder sogar ganze Pflanzen können absterben.

Das Risiko von Überdüngung ist besonders hoch bei schnell wirkenden Mineraldüngern wie Blaukorn, vor allem in Töpfen oder auf Sandböden. Denn mineralische Dünger (Blaukorn, Kalksalpeter etc.) haben den Vorteil, dass sie sehr schnell wirken, aber auch den Nachteil, dass dadurch das Risiko von Schäden besonders hoch ist. Allerdings darf nicht vergessen wer-den, dass auch organische Dünger (Hornmehl, Guano, Stallmist, Kompost etc.) bei unsachgemäßem Einsatz Schäden hervorrufen können. Diese Gefahr wird manchmal unterschätzt.

Einerseits kann eine Überdosierung von Düngern Schäden hervorrufen, andererseits kann aber auch bei korrekter Dosierung der direkte Kontakt mit den Düngern erhebliche Schäden verursachen. Bleiben zum Beispiel Mine-raldüngerkörner an feuchten Blättern kleben oder bleiben sie in Blüten oder Blattachseln liegen, verursachen sie an der entsprechenden Stelle Verbren-nungen.

Vorbeugung: Düngen Sie bedarfsgerecht mit möglichst langsam wirkenden Produkten. Dosieren Sie die Dünger richtig und bringen Sie sie so aus, dass sie nicht in Blüten und Blättern hängen bleiben können. Schütteln oder fegen Sie die Mineraldüngerkörner wenn nötig sofort nach der Ausbringung vorsichtig von den Pflanzen ab, ohne die Zweige zu beschädigen. Streuen Sie keine Dünger über feuchte Pflanzen.

Gegenmaßnahmen: Schneiden Sie geschädigte Pflanzenteile ab.

Wenn Sie eine Überdosierung von Düngern nachträglich feststellen, können Sie mit sehr hohen Mengen an Gießwasser die Nährsalze aus Töpfen auswaschen oder in tiefere Bodenschichten spülen. Bei falscher Einschätzung der nötigen Wassermenge können aber auch weitere Düngesalze von der Bodenoberfläche in den Wurzelbereich gespült werden und die Schäden verstärken. Wegen des Risikos einer Umweltbelastung sollte eine solche Auswaschung von Nährstoffen eher kritisch gesehen werden.

Schäden durch Pflanzenschutzmittel

Pflanzenschutzmittel sind dazu da, Pflanzen vor Schadorganismen zu schützen. Aber ähnlich wie Medikamente beim Menschen können sie auch Nebenwirkungen entfalten und Schäden an Rosen oder anderen Kulturpflanzen hervorrufen. Das trifft nicht nur auf Herbizide zu, bei denen dieses Risiko allerdings besonders groß ist, sondern auch auf Insektizide, Fungizide und andere Produkte.

Die Dosierung ist entscheidend

Meist sind Überdosierungen der Grund für Schäden. Die Parole „Viel hilft viel" stimmt nicht und hat nie gestimmt. Die in den Gebrauchsanweisungen der Pflanzenschutzmittel angegebenen Mengen reichen völlig aus und haben sogar noch einen gewissen „Sicherheitspuffer", so dass auch versehentliche, leichte Unterdosierungen keinen Wirkungsverlust mit sich bringen.

Die korrekte Dosierung von Pflanzenschutzmitteln ist allerdings nicht immer ganz einfach. Früher wurden in der Regel Konzentrationsangaben gemacht, ein Pflanzenschutzmittel sollte zum Beispiel mit 0,1 %iger Konzentration ausgebracht werden. Das war einfach, es wurde in diesem Fall mit 1 g oder 1 ml pro Liter Spritzbrühe dosiert und die Pflanzen damit tropfnass gespritzt. Heute wird die Pflanzenschutzmitteldosis meist auf die Fläche bezogen, zum Beispiel 1 g auf 10 m² (= 0,1 g/m², 10 g/100 m², 1 kg/ha). Oft wird die dazu nötige Brühemenge angegeben, manchmal aber auch nicht. Wenn nicht anders angegeben ist, kann als Faustzahl angenommen werden, dass Rosenbeete je nach Höhe der Pflanzen mit etwa 0,5–1,0 l Brühe pro 10 m² gespritzt werden. Ein 30 m² großes Rosenbeet mit hohen, dichten Pflanzen kann also zum Beispiel bei einem Produkt, das mit 1 g in 1 l pro

10 m² eingesetzt werden soll, mit 3 g in 3 l Brühe gespritzt werden. Dafür sollte die Menge, die Sie anmischen, genau ausreichen. Empfehlenswert ist, die Pflanzen nicht zu langsam zu behandeln, sondern relativ schnell und mehrfach, bis die gesamten Pflanzen auf der Fläche benetzt sind und die ganze Menge an Brühe ausgebracht ist.

Gute Witterung abwarten

Pflanzenschutzmittel sollten Sie nicht bei Hitze (über 25 °C), starker Sonneneinstrahlung oder Regen ausbringen. Außerdem darf kein oder kaum Wind wehen, höchstens Windstärke 3 ist vertretbar (3–5 m/s), bei der sich Blätter und dünne Zweige sachte im Wind bewegen. Bei heißer, sonniger Witterung ist das Risiko von Schäden an den Rosen erhöht und viele Wirkstoffe bauen sich unter diesen Bedingungen sehr schnell ab, so dass sie nicht ausreichend wirken. Bei stärkerem Wind droht die Abdrift der Pflanzenschutzmittel, so dass sie in die Umwelt gelangen und an der Kultur nicht wirken. Regen spült die Pflanzenschutzmittel ab, so dass sie ebenfalls nicht wirken. Als Faustregel gilt, dass die meisten Produkte nach der Behandlung innerhalb von 1–4 Stunden antrocknen sollten und dann regenfest sind. Ein günstiger Anwendungszeitraum sind meist die Abendstunden, da die Pflanzen dann nicht taunass sind, keine hohe Sonneneinstrahlung oder Hitze mehr herrscht und die Pflanzenschutzmittel langsam einwirken und antrocknen können.

Wenn Sie die Gebrauchsanweisung beachten und die Witterung günstig ist, ist das Risiko sehr gering, dass Schäden an den Rosen entstehen.

Besonders kritische Produkte

Pflanzenschutzmittel und Dünger, bei denen das Risiko von Schäden im Vergleich zu anderen Mitteln besonders hoch ist, sind Kupfer- und Schwefelprodukte, ölhaltige Produkte wie NeemAzal-T/S und chelathaltige Blattdünger. Produkte, die für den Bioanbau zugelassen sind, können also genauso starke Schäden verursachen wie Produkte aus dem konventionellen Anbau!

Schäden

Schäden können zu gelblichen, rötlichen oder braunen Blattflecken führen. Oft sind die Stellen, an denen Tropfen von Spritzbrühe angetrocknet sind, noch erkennbar. Besonders empfindlich sind die geöffneten Blüten.

Vorbeugung: Verzichten Sie möglichst auf den Einsatz von Pflanzenschutzmitteln, ansonsten befolgen Sie streng die Gebrauchsanleitung und berücksichtigen Sie die Witterungsbedingungen.

Gegenmaßnahmen: Entfernen Sie geschädigte Pflanzenteile durch Schnitt.

Rosen sind besonders empfindlich gegen Herbizide

Pflanzenschutzmittel aller Art können Schäden verursachen, besonders hoch ist das Risiko aber bei Herbiziden, also Produkten zur Unkrautbekämpfung. Rosen reagieren auf einige Wirkstoffe wie Glyphosat außergewöhnlich empfindlich und können nach einem Kontakt damit noch jahrelang Schadsymptome zeigen. Je nach Wirkstoff können sich die Schäden in Schmalblättrigkeit (typisch bei Glyphosat), Verdrehungen (typisch bei Wuchsstoffen) oder anderen Verkrüppelungen, Gelbverfärbungen (Chlorosen), Weißverfärbungen oder Flecken anderer Art an den Blättern zeigen.

Ursache sind meist Anwendungsfehler. Werden Herbizide auf Wege gespritzt (was aus gutem Grund nicht erlaubt ist!), können sie relativ leicht in den Boden eingewaschen werden und über die Wurzeln von den Rosen aufgenommen werden. Auch Herbizide in Rasendüngern (Rasendünger mit „Unkrautvernichter") können von Rosen über die Wurzeln aufgenommen werden. Dabei handelt es sich meist um Wuchsstoffe wie Dicamba oder MCPA, die gegen Klee und andere Unkräuter im Rasen wirken, aber auch bei Rosen starke Schäden verursachen können.

Wenn Sie Stallmist (besonders Pferdemist) einsetzen, sollte Sie sicherstellen, dass die Fläche, von der das Futter der Tiere stammt, nicht mit dem (für Weideflächen zugelassenen) Wuchsstoff Aminopyralid (z. B. im Herbizid Simplex) behandelt wurde. Der Wirkstoff kann sich im Mist sehr lange

Dieser Schaden entstand durch eine Spritzung mit zu hoch dosiertem Eisenchelat-Dünger.

Hier hat ein wuchsstoffhaltiges Herbizid typische Triebdeformationen zur Folge.

halten und empfindliche Pflanzen wie Rosen, Kartoffeln oder Tomaten bei der Mineralisierung des Mistes schädigen. Aminopyralid, Dicamba, MCPA und andere Wuchsstoffe können Chlorosen verursachen, meist äußern sich die Schäden aber in Verkrüppelungen und Verdrehungen an den Trieben.

Auch Herbizide, die für den Einsatz bei Rosen oder anderen Zierpflanzen zugelassen sind, können bei unsachgemäßer Anwendung oder ungünstigen Einsatzbedingungen (Witterung!) Schäden an den Rosen verursachen. Im Hausgarten sollten Sie generell auf den Einsatz von Herbiziden verzichten, soweit das möglich ist. Das gilt auch für „Hausmittelchen" wie Essigessenz, Steinreiniger oder Streusalz, deren Einsatz zur Unkrautbekämpfung nicht erlaubt ist, die aber trotzdem gelegentlich unverhohlen dafür empfohlen werden.

Vorbeugung: Verzichten Sie auf Herbizide oder lassen Sie zumindest größte Vorsicht bei deren Einsatz walten. Seien Sie vorsichtig bei der Verwendung von Stallmist, besonders Pferdemist, und stellen Sie sicher, dass die Tiere, von denen der Stallmist stammt, kein Futter mit Rückständen von Aminopyralid bekommen haben.

Gegenmaßnahmen: Bei Kontaktschäden (z. B. durch Abdrift) können Sie die geschädigten Pflanzenteile abschneiden. Bei Aufnahme über die Wurzel (Glyphosat, Wuchsstoffe, Aminopyralid aus Stallmist) sind keine Gegenmaßnahmen möglich und die Symptome (Verdrehungen und Verkrüppelungen der Triebe) können mehrere Jahre lang anhalten.

Diese Schmalblättrigkeit wurde durch ein glyphosathaltiges Herbizid verursacht.

Genetisch bedingte Veränderungen

Schadsymptome und andere Veränderungen können genetisch bedingt sein, also durch die Erbanlagen der Pflanze bestimmt. Hierunter fallen erblich bedingte Panaschierungen und Verbänderungen. Beide Erscheinungen können aber auch durch andere Ursachen wie Viren entstehen.

Panaschierung

Partielle Verfärbungen (Panaschierungen) von Blättern und Zweigen können verschiedene Ursachen haben. Häufig werden sie durch Schaderreger (Viren) oder Nährstoffmangel verursacht. Gelegentlich treten aber auch genetisch bedingte Panaschierungen durch Mutation von Zellen auf, die dann kein Chlorophyll mehr bilden können. Pflanzen mit panaschierten Blättern werden von ihrem grünen Pflanzengewebe ernährt. Bei Sämlingen verschiede-

Eine Panaschie-
rung kann nicht
nur an Rosenblät-
tern (links) auftre-
ten, sondern auch
an der Rinde des
Triebs (rechts).

ner Gehölzarten sind gelegentlich auch Exemplare zu
finden, die überhaupt kein Chlorophyll besitzen, also
völlig gelb oder weiß sind. Solche Pflanzen können
nicht assimilieren und sterben nach dem Aufbrauchen
ihrer Reserven aus dem Samenkorn ab.

Genetisch bedingt panaschierte Zweige können
leicht vegetativ (Veredlung oder Steckling) weiter vermehrt werden. Anders als bei vielen anderen Ziergehölzen sind Rosensorten mit panaschiertem Laub
aber kaum bekannt, vermutlich weil bei Rosen die
Blüte den entscheidenden Zierwert bildet und buntes
Laub nicht gewünscht ist.

Es werden einige Sorten mit panaschierten Blütenblättern angeboten, zum Beispiel die *Rosa-gallica*-
Hybride 'Versicolor'. Die Farbveränderung der Blüten-

Die Rosensorte 'Versi-
color' hat erblich
bedingt panaschierte
Blütenblätter.

blätter ist vermutlich genetisch bedingt. Die Blüten solcher Sorten weisen ein besonderes Farbenspiel auf, das je nach Geschmack des Betrachters außerordentlich attraktiv sein kann. Die französische Rosenbaumschule Delbard hat ein Sortiment solcher panaschierter Rosensorten in der Reihe „Malerrosen" zusammengefasst, die meist nach französischen Künstlern wie Claude Monet oder Camille Pissaro benannt sind. Die Panaschierung soll an die Farbverteilung durch Pinselstriche erinnern. Die Sorten dieser Gruppe sollen allerdings verhältnismäßig empfindlich gegen Winterfröste und gegen Krankheitsbefall sein.

Verbänderung

Verbänderungen (Fasziationen) zeigen sich dadurch, dass sich breite statt runde Triebe bilden, die aussehen, als wären mehrere Triebe miteinander verwachsen. Im Pflanzenreich treten sie an den unterschiedlichsten Gattungen auf, häufig sind Kakteen betroffen, aber auch Löwenzahn (*Taraxacum officinale*) zeigt nicht selten verbänderte Blütenstängel.

Bei Rosen treten Verbänderungen meist an den Zweigen und Blütenstängeln auf, sie sind aber auch an den Wurzeln möglich. Die Sorte 'Baccara' ist relativ häufig betroffen. Im Garten sind sie harmlos und eine botanisch

Verbänderung eines Triebes (links) und von zwei Blütenstielen (rechts).

interessante Kuriosität, aber im Schnittrosenanbau führen sie zur Unver-
käuflichkeit der betroffenen Blüten.

Verbänderungen an Pflanzen können durch hormonelle Störungen hervorgerufen werden, zum Beispiel durch Mutation oder durch Befall mit Viren
oder Bakterien. Die genaue Ursache bei Rosen ist unbekannt, es wird aber
ein Virusbefall vermutet.

Vorbeugung: Vermehrungsmaterial (Edelreiser) darf nur von Pflanzen
gewonnen werden, die keine Verbänderungen zeigen.

Gegenmaßnahmen: Entfernen Sie den betroffenen Pflanzenteil oder die
ganze Pflanze. Im Hausgarten sind normalerweise keine Gegenmaßnahmen
nötig.

Schäden durch falschen Schnitt und Verletzungen

Wenn Schnittmaßnahmen nicht richtig durchgeführt werden, können daraus unschöne Stellen oder sogar Schäden resultieren. Verletzungen an der Rinde oder den Zweigen entstehen durch Überdüngung, Abknicken, Reibung und Einschnürungen.

Schlechte Blütenbildung durch falschen Schnitt

Wenn verwelkte Rosenblüten einfach direkt unter dem Blütenhals abgebrochen oder abgeschnitten werden, treiben darunter viele, aber schwache Knospen aus, die schlecht entwickelte Blüten auf kurzen Stielen bilden. Außerdem wachsen die Pflanzen dann hoch und untypisch.

Ein weiterer Fehler beim Rückschnitt verblühter Rosen ist es, die Triebe zu nahe an der nächsten Knospe oder zu weit weg davon abzuschneiden, denn dadurch können die Knospen absterben oder verkümmerten Wuchs zeigen. Als Folge ist dann die Blütenbildung nur schwach.

Wenn beim Rosenschnitt die Schere zu weit über der Knospe angesetzt wird, bleiben lange Zapfen stehen. Als Zapfen bezeichnet man Triebteile, die oberhalb einer Knospe sitzen und nach einem Schnitt nicht austreiben. Sie sterben meist ab, so dass sie trocken und braun werden. Häufig trocknet die unter dem Zapfen befindliche Knospe, die eigentlich austreiben sollte, ebenfalls ein.

Vorbeugung: Die verblühten Rosenblüten sollten Sie am besten wöchentlich einmal entfernen. Bei Edelrosen schneiden Sie die abgeblühten Blumen mit zwei bis drei vollkommen entwickelten Laubblättern, von der Blüte her gezählt, über dem dritten Laubblatt ab.

Bei Polyantha- und Floribundarosen schneiden Sie den abgeblühten Blütenstand über dem ersten darunter befindlichen Blatt ab.

Halten Sie etwa 5 mm Abstand über der Knospe, die den nächsten Trieb bilden soll. Dann kann die Schnittwunde gut verheilen, die Knospe wird geschont, und es bildet sich kein trockener Zapfen. Die 5 mm langen Triebstellen über der Knospe können vom Gewebe ernährt werden, so dass sie nicht eintrocknen.

Gegenmaßnahmen: Falls sich doch trockene Zapfen gebildet haben, sollten Sie diese auf einen Abstand von 5 mm über der darunter befindlichen Knospe zurückschneiden.

Durch den falschen Schnitt, zu hoch über der Knospe, bleibt ein vertrockneter Zapfen (Stummel) stehen.

Risse in der Rinde

An jungen Rosentrieben reißt manchmal die frische Rinde auf, auch ohne mechanische Ursachen (Verletzungen) von außen. Das ist vor allem dann der Fall, wenn die Pflanzen übermäßig gedüngt sind und während der Wachstumsperiode starker Rückschnitt durchgeführt wird, zum Beispiel zur Ernte sehr langstieliger Rosen oder zur Verjüngung. Auch starke Spätfröste können zu solchen Rindenrissen führen.

Wenn die verblühten Rosen nur abgebrochen werden, entstehen solche trockenen Stiele.

Vorbeugung: Vermeiden Sie überhöhte Düngung, besonders an Stickstoff, und führen Sie während der Wachstumsperiode keinen starken Rückschnitt durch.

Gegenmaßnahmen: Die stark aufgerissenen Jungtriebe sollten Sie sofort abschneiden. Leicht geschädigte können Sie beim kommenden Frühjahrsschnitt entfernen. Frische, leichtere Verletzungen der Rinde können Sie mit Wundverschlussmitteln bestreichen, damit das verletzte Gewebe nicht austrocknet, sondern schnell verheilt.

An der Rinde dieses einjährigen Rosenzweigs zeigt sich ein Frostriss.

Knicken oder Bruch

Wenn Rosentriebe abbrechen oder umknicken, liegt das häufig daran, dass die Pflanzen nicht genug Platz zur Ausbreitung haben. Das ist oft an Wänden oder Pergolen der Fall. Wenn zu lang wachsende Triebe nicht rechtzeitig befestigt werden, knicken oder brechen sie bei Wind ab.

Vorbeugung: Wählen Sie einen geeigneten Standort mit genügend Platz (Pflanzabstände siehe Seite 38) für die Entwicklung der Zweige. Binden Sie neue, lange Triebe von Kletterrosen rechtzeitig fest und achten Sie darauf, dass Befestigungsmaterial nicht einschnürt (siehe Seite 63).

Gegenmaßnahmen: Zweige, die nur umgeknickt und nicht abgebrochen sind, können befestigt werden und verheilen dann. Bei stärkeren Beschädigungen sollten Sie die verletzten Zweige unterhalb der Bruchstelle, oberhalb der nächsten gut entwickelten Knospe abschneiden. Meist treibt diese dann bald aus und der neue Trieb kann den abgebrochenen ersetzen.

Durch das Abknicken eines unbefestigten Zweigs ist bei dieser Kletterrose die Rinde gerissen.

Reibungsschaden

Die äußerste Rindenschicht (Epidermis) am einjährigen Trieb verfärbt sich gelegentlich. Die Ursache ist meist ein zu enger Stand der einzelnen Triebe oder Reibung zwischen den Trieben.

Werden Rosen, besonders Kletterrosen, an einem Stab oder Spalier befestigt, können Triebe durch Reibung beschädigt werden. Das passiert vor allem dann, wenn das Band nicht stramm genug befestigt ist, so dass sich der Trieb bei Wind bewegen und am Spalier, am Band oder an einem anderen Zweig reiben kann. Bei Strauchrosen entstehen solche Schäden meist dadurch, dass Triebe, die sich kreuzen, aneinander reiben.

Ein durch Reibung entstandener Rindenschaden verheilt meist wieder, bietet aber zunächst eine Eintrittspforte für Krankheitserreger.

Diese Verfärbung der Epidermis am einjährigen Trieb einer Kletterrose wurde durch Reibung verursacht.

Vorbeugung: Binden Sie Triebe so stramm an, dass keine größere Bewegung bei Wind mehr möglich ist. Die Bindung sollte allerdings auch nicht so fest sein, dass das Band einschnürt.

Wenn sich Äste kreuzen, entfernen Sie einen davon rechtzeitig, das ist am besten vor Austrieb im Frühjahr zu erkennen.

Gegenmaßnahmen: Beschädigte Zweige sollten Sie sofort entfernen und die Ursache der Reibung beseitigen. Frische, leichtere Verletzungen der Rinde können Sie mit Wundverschlussmitteln bestreichen, damit das verletzte Gewebe nicht austrocknet, sondern schnell verheilt.

Schäden durch mechanische Verletzungen

Die Rinde und das Holz von Rosen sind sehr empfindlich und können leicht beschädigt werden. Bei unvorsichtiger Arbeit im Bestand sowie dem Einsatz ungeeigneter Werkzeuge und Geräte entstehen schnell Schäden. Wenn die Pflanzen in der Nähe der Veredlungsstelle verletzt werden, kann das zum Absterben der gesamten Pflanze führen.

Vorbeugung: Führen Sie Pflegemaßnahmen mit großer Sorgfalt und Rücksicht auf die Empfindlichkeit der Rinde und des Holzes der Pflanzen durch.

Gegenmaßnahmen: Entfernen Sie verletzte Pflanzenteile möglichst durch Rückschnitt. Stark, in der Nähe des Wurzelhalses beschädigte Pflanzen entfernen Sie, wenn nötig, ganz. Frische, leichtere Verletzungen der Rinde können Sie mit Wundverschlussmitteln bestreichen, damit das verletzte Gewebe nicht austrocknet, sondern schnell verheilt.

Dieser Schaden ist durch ein Bodenbearbeitungsgerät entstanden.

Einschnürungen

Sortenetiketten von Rosen sind häufig mit Draht oder fester Kunststoffschnur an den Pflanzen befestigt. Daher sollten die Sortenetiketten innerhalb weniger Wochen nach der Pflanzung entfernt werden. Sonst schnüren sie den Trieb, an dem sie befestigt sind, bei seinem Dickenwachstum oberhalb der Befestigungsstelle ab, er wird im Wachstum geschwächt und kann bei Wind abbrechen oder durch Wassermangel absterben. Besonders groß ist der Schaden, wenn bei einem Rosenstämmchen der Stamm eingeschnürt wird.

Das passiert leider sehr oft: ein durch ein Drahtetikett eingeschnürter Rosentrieb.

Vorbeugung: Entfernen Sie vor oder innerhalb weniger Wochen nach der Pflanzung die Sortenetiketten von den Pflanzen. Sie können sie an einem Stab befestigen und wieder ins Rosenbeet stecken. Verwenden Sie, wenn Sie Stammrosen an einem Pfahl befestigen, verrottbares Band, das jährlich erneuert wird. Wenn Sie dauerhaftes Material (z. B. Kokosschnur) verwenden, das mehrere Jahre hält, müssen Sie zumindest einmal im Jahr kontrollieren, ob das Befestigungsband einschnürt und es bei Bedarf entfernen und erneuern.

Gegenmaßnahmen: Solange die Abschnürung nicht zu stark ist, können Sie das Material durchschneiden, selbst wenn Sie dabei etwas Pflanzengewebe verletzen. Die dabei entstandenen Wunden können Sie mit Wundverschlussmittel bestreichen, damit das verletzte Gewebe nicht austrocknet, sondern schnell verheilt.

Witterungsbedingte Probleme

Ungünstige Witterungsbedingungen können unterschiedlichste Schadsymptome hervorrufen. Trockenstress, Temperaturschwankungen, hohe Sonneneinstrahlung, Hagel usw. machen empfindlichen Pflanzen oft zu schaffen.

Trockenschäden

Extremer Trockenstress äußert sich in Welke, das heißt besonders die jungen und weichen Blätter und Triebe hängen schlaff herab. Bei leichterem Trockenstress werden die Blätter gelblich und fallen vom unteren Bereich der Pflanzen her ab.

Vorbeugung: Der Boden beziehungsweise die Blumenerde im Kübel sollten feucht wie ein ausgedrückter Schwamm sein. Das ist mit dem bloßen Auge schwer einzuschätzen, am besten lässt es sich mit der Hand fühlen. Wer technisch versiert und interessiert ist, kann auch Feuchtefühler in den Topf oder Boden stecken, zum Beispiel mit Wasser gefüllte Tensiometer, und daran den Grad der Trockenheit ablesen. Über solche Tensiometer oder andere Feuchtesensoren (oder aber über eine Zeitschaltuhr) können automatische Bewässerungssystem gesteuert werden, die von verschiedenen Herstellern angeboten werden.

Gegen Trockenschäden hilft eine ausreichende Wasserversorgung.

Um den Boden gut zu durchfeuchten, ist eine ausreichende Wasserversorgung nötig. Bei leichten (sandigen) Böden ist wegen der geringeren Wasserhaltekraft eine kleinere Menge nötig, die schneller einsickert, und bei schweren Böden eine größere, die aber langsamer verabreicht werden muss. Eine Faustzahl für die Wassergabe ist 30 l/m². Gießen Sie lieber weniger häufig (bei Bedarf ein- bis zweimal die Woche) eine größere Menge als täglich kleine Mengen, die dann nicht tief genug eindringen.

Gegenmaßnahmen: Bei Welkesymptomen sollten Sie nötigenfalls sofort ausreichend wässern. Vor allem bei Pflanzen in Kübeln oder Töpfen bringt das innerhalb von wenigen Stunden Linderung für die Pflanzen. Im gewachsenen Boden treten nur selten Welkerscheinungen auf. Falls doch, muss der Boden sehr tiefgründig durchfeuchtet werden. Das ist mit dem Gartenschlauch schwierig, kann aber durch langsames Beregnen, am besten über Nacht, oder durch Tropfbewässerung erreicht werden.

Bei Einzelpflanzen (z. B. Strauch- oder Kletterrosen) hat sich bewährt, einen Eimer, einen Kübel oder ein dekorativeres Gefäß wie zum Beispiel eine ausgediente Metallgießkanne am Boden mit einem nicht zu großen Loch zu versehen, mit Wasser zu füllen und neben die Pflanze zu stellen. Durch das Loch am Boden kann das Wasser dann langsam ins Erdreich sickern und in tiefere Schichten vordringen.

Blinde Rosentriebe

Als „blinde Triebe" werden Triebe bezeichnet, die keine Blütenknospen an ihrer Spitze bilden. Sie sind meist dünn und fein ausgebildet.

Solche „blinden Triebe" treten vor allem an schattigen Standorten auf und können durch starke Temperaturschwankungen sowie durch einseitige Stickstoffernährung gefördert werden. Eine wichtige Rolle spielen auch die Sorteneigenschaften: Besonders bei der alten Gruppe der Remontantrosen soll diese Erscheinung auftreten. Außerdem können Gallmücken dieses Symptom hervorrufen (siehe Seite 135).

Ein sogenannter „blinder" Trieb bildet keine Blütenknospen aus.

Vorbeugung und Gegenmaßnahmen: Die entscheidende Voraussetzung für einen sicheren Blütenansatz ist die Wahl eines geeigneten Standortes. Außerdem können Sie durch einen langen Schnitt (auf etwa 15 Knospen) der Zweige, einen Verzicht auf Rückschnitt oder durch das Umbiegen sehr langer Triebe, die durch die waagerechte Lage zur Bildung von Blüten angeregt werden können, die Blütenbildung verbessern.

Laubabwurf

Laubabwurf im Herbst ist für die Pflanzen normal, aber wenn Laub im Sommer abgeworfen wird, kann das unterschiedliche Ursachen haben. Meist sind Infektionen mit Sternrußtau, Falschem Mehltau oder anderen pilzlichen Krankheitserregern dafür verantwortlich, aber auch Schädlingsbefall (besonders Spinnmilben), Trockenheit oder Wurzelschäden (z. B. durch Staunässe) können die Ursache sein. Wenn Sie biologische oder chemisch-synthetische Pflanzenschutzmittel verabreicht haben, sollten Sie überprüfen, ob eine Überdosis des Produkts oder eine Verschmutzung der Spritze zum Beispiel mit Rückständen von Herbiziden oder Reinigungsmitteln die Ursache sein könnte. Auch Verbrennungen durch Sonne oder Hitze sind denkbar, an Parkplätzen möglicherweise durch Wärmeabstrahlung von Motoren oder von Auspuffgasen. Je nach Ursache treiben die Pflanzen nach dem Laubfall meist wieder normal aus und erholen sich schnell.

Vorbeugung und Gegenmaßnahmen: Bei Blattfall sollten Sie zunächst die Ursache klären. Erst nach einer klaren Identifizierung der Ursache für den Laubabwurf können Sie entscheiden, welche vorbeugenden Maßnahmen und welche Gegenmaßnahmen zukünftig ergriffen werden sollen.

Sonnenbrand

Ähnlich wie die menschliche Haut ist das pflanzliche Gewebe empfindlich gegen starke Sonneneinstrahlung. Dabei spielt einerseits die aggressive UV-Strahlung eine wichtige Rolle, andererseits aber auch die hohe Temperatur, die durch den Sonnenschein im Blattgewebe entstehen kann.

Wenn Rosenblüten, besonders nach längeren, einstrahlungsarmen Regenperioden, starker Sonneneinstrahlung ausgesetzt sind, können sie dadurch geschädigt werden. Sie verblassen und die Blütenblätter können Trockenschäden zeigen. Die Sorten reagieren unterschiedlich, rote wie 'American Home' sind besonders empfindlich.

Wenn Rosen in Kübeln auf Terrassen nach längerer Zeit im Schatten, zum Beispiel nach der Überwinterung, plötzlich in die pralle Sonne gerückt werden, können sie unter Sonnenbrand an den Blättern und Trieben leiden. Auch durch starke Hitze, zum Beispiel beim Aufstellen an einer Hauswand, können Verbrennungen entstehen.

Vorbeugung: Wählen Sie für empfindliche Sorten keine extrem sonnigen Standorte.

Sonnenbrand an Blüte der Kletterrose 'Phare' (links) im Vergleich zu einer der Sonne abgewandten Blüte.

Wenn Sie Kübelpflanzen von einem schattigen Standort in die volle Sonne rücken, tun Sie das schrittweise, am besten in einer Schlechtwetterperiode, damit sich die Pflanzen langsam an die starke Einstrahlung gewöhnen können.

Gegenmaßnahmen: Verbrannte Pflanzenteile sollten Sie möglichst bald abschneiden, damit sich schnell neue Blüten bilden. Außerdem bieten die verletzten Pflanzenteile eine Eintrittspforte für verschiedene Krankheitserreger wie Grauschimmel.

Schäden durch Regen und Beregnung

Gelegentlich wird berichtet, dass lang anhaltender Regen, Nebel und Tau den Blüten der Rosen schaden. Besonders die Bewässerung an heißen Tagen mit kaltem Wasser soll Schäden (einen „Kälteschock") hervorrufen. Vor allem auf zartrosa oder weißen Blüten werden oft Flecke mit rotem Hof um die Wasseransammlung beobachtet, die manchmal auf Nässe oder Kälteschock zurückgeführt werden.

Solche Schäden durch Blüten-*Botrytis* werden gelegentlich als Regenschäden fehlgedeutet.

Vermutlich handelt es sich bei diesen Berichten um Fehlinterpretationen von Symptomen von Pilzinfektionen (besonders durch Grauschimmel), die nach einer Beregnung aufgetreten sind. Denn anders als manche Topfpflan-

zen (z. B. Usambara-Veilchen oder *Streptocarpus*) aus tropischen Regionen, die auf kaltes Wasser wirklich mit Blattschäden reagieren, sind bei den an unser Klima gewöhnten, winterharten Gartenpflanzen (auch Rosen) keine wissenschaftlich belegten Nachweise dafür bekannt, dass sie auf Beregnung mit kaltem Wasser oder überhaupt auf Wasser empfindlich reagieren. Auch Baumschulen berichten, dass sie bei der Anzucht ihrer Rosen in Containern, die in vielen Betrieben mit Regnern über das Laub bewässert werden, keine Probleme durch kaltes Wasser haben.

Trotzdem ist es natürlich ratsam, Rosen statt über das Laub von unten zu bewässern (z. B. durch Tropfbewässerung), um die Blattfeuchte möglichst gering zu halten und damit der Ausbreitung von Pilzkrankheiten vorzubeugen.

Vorbeugung und Gegenmaßnahmen: Nach Bewässerung oder Regen sollten die Blüten möglichst schnell abtrocknen können, damit sich keine Pilze festsetzen können. Daher sollten Sie die Pflanzen an einen entsprechend gut geeigneten Standort pflanzen und besser morgens als in den Abendstunden gießen. Fleckige Blüten können Sie natürlich entfernen.

Durch eine ausgewachsene Rosenblüte ist eine zweite durchgewachsen.

Durchwachsen der Blüten (Prolifikation)

Gelegentlich bildet sich in der Mitte einer Blüte ein neuer Trieb, der die Blüte „durchwächst". Die Ursache dafür soll sein, dass nach der Bildung des Fruchtknotens das Teilungsgewebe im Vegetationskegel einen weiteren Trieb ansetzt, wodurch zwei Blüten übereinander entstehen. Gelegentlich wird Prolifikation als Durchwachsung, Sprossung oder „Rosenkönig" bezeichnet. Das Phänomen ist nicht ansteckend, wird also nicht von Pflanze zu Pflanze übertragen

Prolifikation wird besonders bei kleinblumigen Arten beobachtet. Manche Sorten wie 'Bloomfield Abundance' sollen dieses Symptom häufiger zeigen als andere, und besonders starke Temperaturschwankungen von warm zu kalt etwa nach Spätfrösten sollen es fördern.

Vorbeugung und Gegenmaßnahmen sind nicht nötig, denn die Prolifikation ist eine interessante botanische Besonderheit, die schon von Johann Wolfgang von Goethe beschrieben wurde. Wenn Sie es stört, können Sie die durchwachsene Blüte abschneiden.

Hagelschäden sind ärgerlich, aber unvermeidbar. Hier ein frischer Rindenschaden.

Rechts: Dieser durch Hagel verursachte starke Rindenschaden ist schon teils verheilt.

Hagelschäden

Hagel tritt hauptsächlich im Sommer auf und kann durch die Wucht des Aufpralls der Körner bei Pflanzen die Blätter und die weichen Triebspitzen zerschlagen. Rosen sind gegen Hagelschlag besonders empfindlich, da ihr Holz und ihre Rinde auch im ausgereiften Zustand verhältnismäßig weich sind.

Vorbeugung: Erwerbsanbauer versichern ihre Rosenfelder gegen Hagelschäden und meiden Regionen, in denen häufig Hagel auftritt.

Gegenmaßnahmen: Bei leichten Schäden werden die äußerste Zellschicht der Rinde, die Epidermis, und das darunter liegende Holz nur geringfügig geschädigt. Beschädigte Blätter können abgesammelt werden, ansonsten erholt sich die Pflanze meist recht schnell.

Bei mittelstarken Schäden wird auch das Holz in Mitleidenschaft gezogen und die Rinde stark geschädigt. Die beschädigten Triebe sollten bis ins gesunde Gewebe, normalerweise im unteren Pflanzenbereich, zurückgeschnitten werden, um die Bildung neuer Triebe zu fördern.

Bei starken Schäden wird das Holz bis aufs Mark zerschlagen. Ein tiefer Rückschnitt kann den Neuaustrieb fördern, sollte aber nach Ende Juli nicht mehr durchgeführt werden, damit die Pflanzen nicht zu wüchsig in den Winter gehen. Auf jeden Fall sollten zerstörte Triebe und Blätter entfernt werden. Erlaubt der späte Zeitpunkt eines Hagelschlags im August keinen Rückschnitt mehr, verkorken die Wunden mit der Zeit und verheilen mehr oder weniger gut. Im darauffolgenden Frühjahr sollte aber durch einen relativ starken Rückschnitt das stark beschädigte Holz entfernt werden, da die Knospen in diesem Bereich schlecht austreiben.

Strauch- und Beetrosen werden auch durch starke Hagelschäden normalerweise nicht völlig vernichtet. Bei Stammrosen ist das Risiko höher, da ein Rückschnitt der Stämme nicht möglich ist.

Belaubung im Winter

Im mitteleuropäischen Klima werfen die meisten Rosenarten und -sorten im Winter ihr Laub ab, spätestens zu Beginn der Frostperiode.

Rosen haben meist keine so gleichmäßige, ausgeprägte Herbstfärbung wie viele andere Laubgehölze. Je nach Art und Sorte und je nach Witterung im Herbst können die Blätter beim Abfallen grün sein, sie können sich aber auch gelb oder rötlich verfärben. Die rötliche (oder rötlich grüne) Verfärbung wird durch Anthocyane (rote Farbstoffe auf Zuckerbasis) hervorgerufen, die die Pflanzen bei Stress (z. B. Kälte) bilden, um ihre Zellen zu schützen. Gelb werden die Blätter dadurch, dass das grüne Chlorophyll abgebaut wird

Aufgrund milder Witterung ist diese Rosenpflanze noch im März beblättert.

und die in den Zellen vorhandenen gelben Carotinoid-Farbstoffe (Carotine, Xanthophylle) dann zum Vorschein kommen. Häufig fallen die Blätter auch durch Befall mit Sternrußtau oder anderen pilzlichen Krankheitserregern ab, bevor sie eine Herbstfärbung zeigen können.

Gelegentlich behalten die Pflanzen jedoch ihr Laub oder einen Teil der Blätter über Winter. Das kann daran liegen, das bei sehr plötzlichen starken Frostperioden der Laubabwurf der Pflanzen nicht rechtzeitig beginnt. Die Blätter erfrieren dann, so dass sie braun und trocken an den Zweigen hängen bleiben. Wenn Rosen sehr geschützt stehen und die Wintertemperaturen mild sind, kann das Laub auch in grünem Zustand an den Zweigen bleiben, ohne zu vertrocknen.

Laub, das sich an den Zweigen befindet, kann diese vor Sonneneinstrahlung im Winter schützen. An den Trieben haftendes, abgestorbenes Laub sieht zwar hässlich aus, ist aber kein Grund zur Sorge und braucht nicht entfernt zu werden.

Vorbeugung und Gegenmaßnahmen: Keine.

Frost- und Winterschäden

Kälte und/oder trockener Wind bei Frostwetter können bei Rosen erhebliche Schäden hervorrufen, dabei spielt auch der Reifezustand der Pflanze eine Rolle. Geschädigt werden können Blüten, Blätter, Triebe und sogar Wurzeln.

Winterschäden am ausgereiften Holz

Rosen härten im Vergleich zu vielen anderen Pflanzen von Natur aus im Herbst und beginnenden Winter nur langsam ab, aber kaltes Wetter verbessert die Frosthärte. Frühe und plötzliche Kälteeinbrüche, die nach warmer Witterung auftreten, können daher größere Schäden verursachen als deutlich tiefere Temperaturen nach einer längeren Abhärtungsphase. Die Tiefsttemperatur allein ist daher nicht ausschlaggebend für einen Winterschaden, sondern auch der Reifezustand der Pflanze.

Zu hohe und zu späte Stickstoffdüngung kann das Pflanzenwachstum zu sehr anregen, so dass sie in zu weichem Zustand in den Winter gehen. Solche weichen Triebe leiden dann besonders stark unter Frostschäden, sie vertrocknen und werden braun. Außerdem sind sie auch besonders anfällig für Rindenerkrankungen.

Dieser Trieb ist im Herbst nicht ausgereift und daher im Winter erfroren.

Vorbeugung: Wählen Sie frostharte Sorten. Pflanzen Sie sie mit der Veredlungsstelle 5 cm unterhalb der Bodenoberfläche. Düngen Sie Stickstoff nicht zu spät und geben Sie nicht zu viel davon. Versorgen Sie die Pflanzen bedarfsgerecht mit Kalium, Magnesium und Calcium. Nehmen Sie im Sommer keinen zu kräftigen Rückschnitt vor.

Gegenmaßnahmen: Entfernen Sie die erfrorenen Pflanzenteile im Frühjahr durch Rückschnitt bis ins gesunde Holz.

Ein chlorotischer Austrieb kann durch einen Schaden an der Rinde (im Bild ganz unten) entstehen.

Frostschäden am ein- und zweijährigen Holz

Wenn junge oder ältere Triebe außergewöhnlich schwach wachsen, ihr Laub abwerfen, absterben, Rindenrisse oder Verfärbungen (Chlorosen) zeigen, sind oft Verletzungen am ein- oder zweijährigen Holz der Grund dafür. Häufig werden solche Schäden durch späte Winterfröste verursacht, die auftreten, wenn die Pflanzen schon unter Saft stehen, auszutreiben beginnen und gleichzeitig starker Sonneneinstrahlung ausgesetzt sind, wodurch die Versorgung mit Wasser und Nährstoffen gestört ist. Es können sogar ganze Pflanzen dadurch absterben.

Vorbeugung: Achten Sie darauf, dass die Rosen dicht genug gepflanzt sind (siehe Seite 38) und schützen Sie sie im Winter durch Anhäufeln und Schattieren. Allerdings erhöht eine dichte Pflanzung das Risiko für Schäden durch pilzliche Krankheitserreger.

Gegenmaßnahmen: Soweit die Schäden erkennbar sind, schneiden Sie die geschädigten Zweige schon beim Frühjahrsschnitt bis ins gesunde Holz zurück, ansonsten auch während der Vegetationsperiode.

Verfärbung des Marks im Holz

Das Mark, also das zentral im Querschnitt liegende Gewebe, von gesunden Rosentrieben ist normalerweise weiß gefärbt. Beim Rosenschnitt im Frühjahr fällt manchmal hell- bis dunkelbraun verfärbtes Mark auf. Die Rinde und die Knospen sind zwar noch intakt, kümmern aber später und können absterben, denn solche Braunverfärbungen sind Zeichen eines Frostschadens. Selten sind auch Krankheitserreger (z. B. Rindenfleckenkrankheit) Ursache für die Verbräunungen.

Vorbeugung: Schützen Sie die Rosen im Winter durch Schattieren zum Beispiel mit Tannenreisig und düngen Sie nicht zu viel Stickstoff.

Gegenmaßnahmen: Schneiden Sie bis ins gesunde, weiße oder nur leicht gebräunte Holz zurück. Beim alten Holz, das nur noch einen kleinen Markanteil besitzt, spielt die Farbe des Marks keine Rolle mehr.

Einjährige Rosentriebe mit bräunlich verfärbtem, leicht geschädigtem Mark (links) und zum Vergleich mit hellem, unbeschädigtem Mark (rechts).

Frostschäden an Kletterrosen

Kletterrosen, die an geschützten Südwänden stehen, sind im Winter der Kälte, der Sonne und den dadurch entstehenden starken Temperaturschwankungen sowie hoher Verdunstung stark ausgesetzt. Durch diesen Wechsel von Kälte und Wärme, Gefrieren und Auftauen des Gewebes können Frostschäden entstehen. Das Absterben von Trieben kann große Lücken an der Wandbegrünung verursachen. Besonders gefährdet sind die dickeren, kahlen Triebe, die sich stark erwärmen können.

Vorbeugung: Schattieren Sie gefährdete Pflanzen, damit diese nicht der Sonneneinstrahlung ausgesetzt sind. Wegen der Dornen sind Schattiergewebe und Jute schlecht geeignet. Bewährt haben sich Zweige von Tannen oder Fichten, die mit ihrer grünen Benadelung auch recht attraktiv aussehen. Die größte Gefahr von Frostschäden besteht im Februar, wenn die Sonne schon etwas stärker scheint. Daher sollten die Pflanzen im Dezember oder spätestens im Januar geschützt werden.

Gegenmaßnahmen: Schneiden Sie die geschädigten Triebe bis ins gesunde Holz zurück.

Dieser Schaden (Frostplatte) entstand durch Frost und Sonneneinstrahlung im Winter. Das Holz ist völlig zerstört, solche Triebe sollten entfernt werden.

Spätfrostschäden an Jungtrieben

Spätfröste im Frühjahr können gefährliche Schäden anrichten, aber oft geht nur der erste Blütenansatz verloren, so dass die Pflanzen sich schnell erholen und neue Blüten bilden. Um den Austrieb in Zeiten von Nachtfrösten nicht zu fördern, sollte der Frühjahrsschnitt möglichst spät durchgeführt werden.

Die Jungtriebe vertragen leichte Fröste von −1 bis −2 °C , aber bei Temperaturen von −3 °C und darunter können sie erfrieren. Der Schaden zeigt sich oft erst 1 oder 2 Tage nach der Frostnacht.

Vorbeugung: Baumschulen nutzen die schützende Wirkung der Frostschutzberegnung, die knapp über dem Gefrierpunkt beginnt und die Pflanzen bis Temperaturen um −7 °C schützen kann. Erst wenn wieder Temperaturen über 0 °C erreicht werden, kann die Frostschutzberegnung beendet werden. Die Regner sollten etwa 4 l/m² Wasser pro Stunde ausbringen. Bei der Beregnung bildet sich eine dünne Eisschicht über den Trieben, die, solange Wasser nachregnet, eine Temperatur von 0 °C behält, bei der das

Diese Welkeerscheinung entstand durch einen Spätfrostschaden (−5°C).

Nach dem Rückschnitt eines erfrorenen Triebes auf 3 mm über der nächsten, gesunden Knospe zeigt sich ein Neuaustrieb.

Gewebe wegen des Gehalts an Salzen und Zucker im Zellsaft noch nicht gefriert.

Für den Privatbereich ist diese Methode wegen der dafür nötigen genauen Temperaturüberwachung allerdings schlecht geeignet. Hier bietet sich als Schutz eher das Abdecken der Pflanzen an. Wegen ihrer Stacheln sind für Rosen Netze oder Vliese schlecht geeignet. Empfehlenswert sind feste Folien und anderes robustes Material, an denen sich die Dornen nicht verhaken können. Im Herbst/Winter ist Tannenreisig für den Winterschutz gut geeignet, im Frühjahr kann es allerdings schlecht angebracht werden, da dabei die jungen Neutriebe abbrechen würden.

Gegenmaßnahmen: Schneiden Sie erfrorene Pflanzenteile bis ins gesunde Gewebe zurück. Das geschieht am besten etwa 3 Tage nach der Frostnacht, wenn deutlich zu erkennen ist, wie weit die Triebe geschädigt sind.

Spätfrostschäden an letztjährigen Trieben

Bei milder Witterung überstehen auch weiche, nicht ausgereifte Rosentriebe den Winter und treiben im folgenden Frühjahr wieder aus. Stärkere Spätfröste von −7°C und darunter können dann allerdings zum Absterben führen.

Vorbeugung: Verzichten Sie auf Rückschnitt im Herbst, legen Sie Winterschutz zum Beispiel mit Tannenreisig auf. Die Pflanzen sollten nie trocken in den Winter gehen, bei Bedarf gießen Sie sie im Herbst.

Gegenmaßnahmen: Schneiden Sie geschädigte Triebe bis in den gesunden Bereich (grüne Rinde, weißes Mark) zurück.

Ein Spätfrost hat diese blasenartigen Deformationen am Blatt verursacht.

Verkrüppelungen und Kältechlorosen an Blättern

Blätter, die schon beziehungsweise noch im Wachstum sind, können durch Spät- beziehungsweise Frühfröste geschädigt werden. Die Schäden äußern sich in welligen Verkrüppelungen oder blasenähnlichen Aufwölbungen der Blätter. Es können auch Welke und Nekrosen (Absterbeerscheinungen) am Blattgewebe auftreten. Parallel dazu können sogenannte „Kältechlorosen" auftreten, gelbe Flecke, die nicht ernährungsbedingt sind. Kältechlorosen treten oft nach kalten (auch frostfreien) Nächten im Mai oder Juni auf.

Sogar im Juni noch können Kältechlorosen nach einer kalten Nacht auftreten.

Bei geringem Ausmaß sind solche Schäden nicht besorgniserregend, bei sehr starkem Auftreten kann aber der Blütenansatz gestört werden. **Gegenmaßnahmen:** Wenn Sie sie stören, können Sie die geschädigten Blätter entfernen, sobald sich bei milderem Wetter neue, gesunde Blätter bilden. Nötig ist das allerdings nicht.

Wurzelschäden

Wurzelschäden an Rosen können unterschiedliche Ursachen haben und treten meist bei Pflanzen in Kübeln oder Töpfen auf. Neben einem falschen pH-Wert der Pflanzerde oder Staunässe (keine Abzugslöcher im Topf? Strukturarme Pflanzerde?) sowie Fraß von Insekten (z. B. Dickmaulrüsslerlarven) sind Frostschäden die Hauptursache von Wurzelschäden bei Pflanzen in Töpfen. Denn die Wurzeln von Gehölzen sind deutlich kälteempfindlicher als die Triebe, Rosen bilden da keine Ausnahme.

Wenn der Boden gefriert, sinkt die Temperatur je nach Tiefe der Boden-schicht selten unter −5 °C ab, und an diesen Temperaturbereich sind die bei uns üblichen Pflanzen auch angepasst. In Töpfe dagegen kann die Kälte wesentlich besser eindringen als in den Boden, je nach Größe des Gefäßes liegen die Temperaturen häufig nur knapp über der Lufttemperatur. Das heißt, bei −15 °C in der Luft kann die Temperatur im Topf schon unter −10 °C liegen, was für jüngere Rosenwurzeln tödlich ist. Während im Boden ausge-pflanzte Rosen je nach Sorte bei uns eher in extremen Lagen erfrieren, sind erfrorene Rosen in Kübeln oder Töpfen leider auch an geschützten Stand-orten in milden Regionen häufig zu sehen. Die Pflanzen sterben erst ab März/April langsam ab, so dass sie entweder nicht mehr austreiben oder mitsamt den jungen Austrieben vertrocknen. Durch den verzögerten Pflan-zentod bleibt der Frostschaden als Ursache häufig unerkannt. Vom Symp-tom her ist er von einem Trockenschaden durch Wassermangel nicht zu unterscheiden! Allerdings kann bei genauerer Begutachtung der Pflanze das zerstörte, verbräunte Gewebe der Wurzeln und des Wurzelhalses als Unter-scheidungsmerkmal zumindest zu frischen Trockenschäden gelten.

Vorbeugung: Zum Schutz der Wurzeln gegen Kälte werden die Pflanzen mit den Töpfen im Herbst in den Boden eingesenkt. Wenn das zum Beispiel auf einem Balkon oder einer Terrasse nicht möglich ist, sollten die Töpfe dick mit isolierendem Material (Vlies, Jutegewebe) umwickelt werden. Je dicker die Schicht ist, umso besser wirkt sie.

Die oberirdischen Pflanzenteile können Sie mit Schattiernetzen oder Tan-nenzweigen gegen Einstrahlung und Frost schützen.

Krankheiten an Rosen

Pflanzenschäden, die durch Mikroorganismen (Viren, Bakterien und pilzliche Erreger) hervorgerufen werden, bezeichnet man als Krankheiten. Bei Rosen sind besonders einige Pilzkrankheiten lästig und weit verbreitet.

Krankheiten verhindern

Viele Rosensorten sind empfindlich gegenüber diversen Krankheitserregern. Da der Gebrauch von Pflanzenschutzmitteln möglichst vermieden werden sollte, pflanzen Sie am besten widerstandsfähige Sorten, wählen Sie einen geeigneten Standort und sorgen Sie für eine gute Ernährung Ihrer Rosen.

Widerstandsfähige Rosensorten

Seit vielen Jahren ist ein Hauptziel der Rosenzüchtung die Widerstandsfähigkeit der neuen Sorten gegen Krankheitserreger, besonders Echten und Falschen Mehltau, Rost und Sternrußtau. Völlig unempfindliche Rosensorten, die überhaupt nicht von Krankheitserregern befallen werden, gibt es allerdings leider nicht und wird es wohl auch nie geben. Besonders im Bereich der Beetrosen leiden die marktüblichen, attraktiven Sorten bei ungünstigen Klima- und Wetterbedingungen deutlich erkennbar darunter. Auch wenn es keine völlig resistenten Rosensorten gibt, lohnt es sich aber trotzdem, bei der Pflanzenauswahl auf eine möglichst große Widerstandskraft zu achten, denn bei widerstandsfähigen Sorten ist der Befall normalerweise so gering, dass er die Schönheit der Pflanzen nicht nennenswert beeinträchtigt.

Rosen gesund erhalten

Grundsätzlich gilt, dass eine **bedarfsgerecht ernährte** Pflanze weniger anfällig ist als eine, die unter Mangel oder Überversorgung leidet. Das darf aber nicht dahin missverstanden werden, dass man durch die Düngung Pflanzen widerstandsfähig gegen Krankheitserreger machen kann. Das funktioniert ebenso wenig, wie sich Menschen durch Auswahl gesunder Lebensmittel vor einer Grippeinfektion schützen können. Manche findigen Anbieter von Düngern, Bodenhilfsstoffen und sogenannten Stärkungsmitteln versuchen mit aggressiver Werbung, ihren Produkten unterschwellig eine vorbeugende Pflanzenschutzwirkung zu unterstellen. Eine solche Wirkung besitzen sie aber nicht, denn laut Pflanzenschutzgesetz müssen alle Produkte, die eine direkte oder auch vorbeugende Wirkung gegen Schädlinge oder Krankheitserreger besitzen, als Pflanzenschutzmittel zugelassen sein. Alle übrigen Stoffe dürfen also weder direkt noch vorbeugend gegen Schaderreger wirken und tun das auch nicht. Und der pflanzenstärkende Effekt solcher Produkte wird in der Regel völlig übertrieben. Hier seien besonders die angeblichen Effekte einer kaliumbetonten Düngung zu nennen, die sehr häufig falsch dargestellt werden. Eine ausreichende Kaliumdüngung ist zwar die Voraussetzung für die Gesundheit der Pflanzen, darüber hinaus kann aber weder Kalium noch ein anderer Nährstoff die Pflanzen vor Schaderregern schützen.

Aus Gründen des Umweltschutzes und auch wegen des finanziellen und zeitlichen Aufwandes sollten Sie möglichst auf den Einsatz von Pflanzenschutzmitteln im Hausgarten verzichten, auch bei Rosen. Durch die Auswahl **widerstandsfähiger Sorten** zum Beispiel mit dem ADR-Prädikat und eines **geeigneten Standortes** bleibt auch bei Rosen der Krankheitsbefall meist in einem erträglichen Rahmen. Und wenn im Herbst die Pflanzen durch Sternrußtaubefall ihr Laub verlieren, schadet das in der Regel nicht. Im Erwerbsanbau ist das natürlich anders, dort werden makellose Pflanzen und Blüten erwartet, so dass weder in Biobetrieben noch im konventionellen Anbau auf den regelmäßigen Einsatz der (im konventionellen und im Bio-Anbau unterschiedlichen) zugelassenen Pflanzenschutzmittel verzichtet werden kann.

Bodenmüdigkeit

Wenn Rosen auf Flächen gepflanzt werden, auf denen schon vorher Rosengewächse gestanden haben, kann das Wachstum der Neupflanzung stark gehemmt sein. Ursachen sind zum Beispiel die Anreicherung schädlicher Fadenwürmer (Nematoden), Pilze oder Bodenverdichtungen. Können diese Faktoren aber ausgeschlossen werden, spricht man von „Bodenmüdigkeit".

Bodenmüdigkeit: Immer noch ein Rätsel

Der Begriff „Bodenmüdigkeit" ist im wörtlichen Sinne unglücklich gewählt, denn ein Boden ist weder „wach" noch „müde". Besser ist der von Fachleuten genutzte Begriff „Nachbauschwierigkeiten", der allerdings nicht nur die „Bodenmüdigkeit" im engeren Sinne umfasst, sondern auch andere Ursachen. Da in der Praxis „Bodenmüdigkeit" und die übrigen Nachbauschwierigkeiten schwer voneinander abzugrenzen sind, werden in der Praxis oft beide Begriffe synonym benutzt.

„Bodenmüdigkeit" ist besonders bei Rosengewächsen bekannt, vor allem Apfelbäume auf schwach wachsenden Veredlungsunterlagen und Rosen sind betroffen.

Ihre genauen Ursachen sind bis heute nicht völlig geklärt, obwohl schon seit Jahrzehnten intensiv daran geforscht wird. Bekannt ist, dass das Wachstum auf solchen Böden wieder völlig normal ist, wenn diese durch Hitze (z. B. Dämpfen) oder bestimmte Chemikalien („Bodenentseuchung") desinfiziert wurden. Das deutet darauf hin, dass die Probleme durch lebendige Organismen verursacht werden, die durch die genannten Maßnahmen abgetötet werden können. Neueren Untersuchungen der Leibniz Universität Hannover zufolge spielen bei den unter die „Bodenmüdigkeit" fallenden Nachbauschwierigkeiten von Rosen vermutlich Infektionen durch pilzliche Krankheitserreger aus der Familie der Nectriaceae eine bedeutende Rolle.

Da Pflanzenschutzmittel zur Bodenentseuchung nur im Erwerbsanbau unter extrem strengen Auflagen eingesetzt werden dürfen und unklar ist, ob und wie lange ihre Zulassung bestehen bleibt, und da die Dämpfung des Bodens wegen des hohen Energieaufwandes und schlechter Einflüsse auf die Bodenstruktur ebenfalls fragwürdig ist, werden zur Zeit Versuche mit dem Einsatz von Gründüngern und organischen Düngemitteln durchgeführt, aus denen natürliche Zersetzungsprodukte entstehen, die ebenfalls eine desinfizierende Wirkung besitzen. Besonders Kreuzblütler wie der Sareptasenf scheinen ein interessantes Potenzial zu besitzen, denn aus

deren Pflanzenteilen entstehenden bei der Verrottung im Boden Stoffe, die Isothiocyanate freisetzen, die wiederum eine desinfizierende Wirkung entfalten können. Klare Empfehlungen lassen sich allerdings aus den bisherigen Versuchen noch nicht ableiten.

Was sich in den letzten Jahren aber deutlich gezeigt hat, ist, dass die verschiedenen Veredlungsunterlagen unterschiedlich empfindlich auf „Bodenmüdigkeit" und andere Nachbauschwierigkeiten regieren. Praxiserfahrungen zufolge sind als Veredlungsunterlagen die *Rosa-canina*-Sorten 'Inermis', 'Pfänders' und 'Heinsons Rekord' deutlich weniger empfindlich gegen Nachbauschwierigkeiten (und gegen Nematoden) als *Rosa corymbifera* 'Laxa' sowie *Rosa multiflora*.

Gegenmaßnahmen: Auf kleinen Flächen wird ein etwa 80 cm tiefer Bodenaustausch empfohlen. Das ist sehr aufwendig, aber wirksam. Manchmal werden verschiedene Produkte auf Basis von Pflanzenkohle, Kompost, Pferdemist oder anderen Stoffen empfohlen, deren Wirksamkeit aber bisher sehr umstritten ist und wissenschaftlich nicht bewiesen werden konnte.

Virosen und Bakteriosen

Rosen können nicht nur von Pilzen, sondern auch von Viren und Bakterien befallen werden. Maßnahmen dagegen sind sehr schwierig, vor allem hilft aber Hygiene, etwa die Desinfektion von Schnittwerkzeugen.

Viruskrankheiten

Viren sind keine echten Lebewesen, ihnen aber nahestehende organische Strukturen, die bei Menschen, Tieren und auch bei Rosen sowie anderen Pflanzen Krankheitssymptome hervorrufen können. Im Pflanzenreich lassen sich Viren nicht mehr aus den befallenen Exemplaren eliminieren. Die Pflanzen können dann unter Wachstumsstockungen leiden und schlecht Blütenknospen ansetzen. Gelegentlich zeigen sich auffällige, hellgrüne oder gelbe Muster auf den Rosenblättern, oder es bilden sich Streifen an den Blüten. Ob diese Schadbilder auftreten oder nicht, ist aber wetter- und sortenabhängig, infizierte Pflanzen bleiben oft symptomlos.

Viren werden vorrangig durch saugende Insekten (z. B. Blattläuse) sowie von Nematoden übertragen oder durch Vermehrungsmaterial und Schnittwerkzeuge bei den Kulturarbeiten verbreitet.

Bei einer Erkrankung durch das Rosenmosaikvirus zeigen sich typische Symptome.

Vorbeugung: Es dürfen nur Pflanzen ohne erkennbaren Virusbefall vermehrt werden. Vermehrungsmaterial sowohl für Stecklinge als auch für Veredlung sollte daher virusfrei sein. Da die meisten Viruserkrankungen nicht samenübertragbar sind, sind Sämlinge normalerweise von Natur aus virusfrei. Ist nicht sicher, dass alle Pflanzen einer Pflanzung gesund sind, sollte das Schnittwerkzeug regelmäßig desinfiziert werden.

Gegenmaßnahmen: Ist eine Pflanze von Viren befallen, kann sie auf normalem Wege nicht mehr geheilt werden, sondern muss im Erwerbsanbau vernichtet werden. Im Hausgarten können Sie abwägen, ob Sie die Pflanze vernichten oder die Krankheit tolerieren.

Normalerweise schwächt Virusbefall die Pflanze zwar, führt aber nicht zum Absterben. Allerdings ist die Gefahr der Ausbreitung des Virus durch die befallene Pflanze nicht zu unterschätzen!

Hexenbesenkrankheit (Kroeskop)

In Baumschulen, die Rosen vermehren, wird gelegentlich beobachtet, dass manche der Jungpflanzen („Okulate") im Frühjahr sehr schwach und vieltriebig austreiben. In den Niederlanden, in denen diese Erscheinung wohl am frühesten beschrieben und erforscht wurde, wird dieses Kümmerwuchs-Symptom „Kroeskop" („Krauskopf") genannt, in Deutschland gelegentlich Hexenbesenkrankheit.

Niederländischen Angaben zufolge sollen die Sorten unterschiedlich reagieren, besonders Kletterrosen wie 'Paul's Scarlet Climber', 'Sympathie' oder 'New Dawn' sollen stark befallen werden, aber auch Beetrosen wie 'Alain' oder 'Bonica'. Auf der Veredlungsunterlage *Rosa canina* 'Schmidts Ideal' sollen weniger Symptome entstehen als auf der weit verbreiteten *Rosa corymbifera* 'Laxa'.

Die genaue Ursache für das Schadbild ist bisher nicht sicher bekannt, es wird aber vermutet, dass ein Befall durch Phytoplasmen die Ursache ist. Phytoplasmen sind eine besondere Gruppe von zellwandlosen, bakteriellen Krankheitserregern. Vermutlich beeinflussen sie die Zusammensetzung der Phytohormone in der Rose und führen dadurch zur starken Verzweigung. Phytoplasmen werden hauptsächlich durch saugende Insekten wie Zikaden oder Blattläuse übertragen, vermutlich aber auch durch Schnittwerkzeuge und infiziertes Vermehrungsmaterial (Edelreiser). Als Überträger bei Rosen steht die Rosenzikade (*Typhlocyba rosae*) unter Verdacht.

Vorbeugung: Wählen Sie nur unempfindliche Sorten.

Gegenmaßnahmen: Ähnlich wie bei Viruserkrankungen sollten befallene Pflanzen möglichst schnell vernichtet werden, damit die Krankheit nicht auf andere Rosen übertragen wird.

Die Hexenbesenkrankheit verursacht einen schwachen, aber stark verzweigten Austrieb.

Wurzelkropf, Bakterienkrebs

Tumorbildende Agrobakterien (früher *Agrobacterium tumefaciens*) können bei Befall in allen möglichen Pflanzenteilen krebsartige Wucherungen hervorrufen. Die Wucherungen sind zunächst hell und weich, später verholzen sie und werden braun und hart. Das Bakterium dringt über die Wurzeln oder über Verletzungen an den Zweigen in die Pflanzen ein und kann auch über Schnittwerkzeuge übertragen werden. Da es bodenbürtig ist, werden meist die Wurzeln befallen, in diesem Fall wird die Krankheit als Wurzelkropf bezeichnet. Der Erreger kann aber auch Tumore an oberirdischen Pflanzenteilen verursachen und schwächt das Wachstum der Pflanzen unter Umständen sehr stark. Ungünstige Witterungsbedingungen wie Frost oder mechanische Beschädigungen können die Bildung der Krebsgeschwüre fördern. Alle Rosengewächse sind empfindlich, auch Obstbäume, und darüber hinaus manche anderen Pflanzenarten wie Forsythien, Weinreben oder Rhododendren.

Mit Krebserkrankungen beim Menschen hat der Bakterienkrebs selbstverständlich nichts zu tun, eine Gefahr für Mensch und Tier besteht daher nicht.

Vorbeugung: Vermeiden Sie bei Neupflanzungen Standorte, auf denen Befall bekannt ist.

Bakterienkrebs, hier an einem Rosenzweig, wird durch Frost oder Beschädigung gefördert.

Gegenmaßnahmen: Entfernen Sie Befallsstellen durch Schnitt. Der Erreger kann, ohne Symptome zu zeigen, in der Pflanze latent vorliegen. Beim Schnitt befallener Pflanzen sollten Sie daher zwischendurch das Schnittwerkzeug desinfizieren. Gesunde (symptomlose) Pflanzen schneiden Sie am besten zuerst, Pflanzen mit Symptomen zuletzt.

Pilzliche Blattkrankheiten

Pilze können die verschiedensten Pflanzenteile von Rosen befallen. Besonders Blattkrankheiten sind häufig. Vorbeugend hilft es oft, den richtigen Standort für die Rose zu wählen, eine zu hohe Stickstoffdüngung zu vermeiden und nur widerstandsfähige Sorten zu kaufen.

Echter Mehltau

Der Echte Rosenmehltau (*Sphaerotheca pannosa* var. *rosae*, *Podosphaera pannosa*) ist ein „Schönwetterpilz" und tritt besonders bei warmem, trockenem Wetter auf. Er benötigt zwar auch eine gewisse Luftfeuchte, die ist in Mitteleuropa aber immer gewährleistet. Dauerhafte Regenfälle können seine Verbreitung behindern.

Er bildet einen mehlartigen Belag an den Ober- und Unterseiten der Blätter und allseits an allen anderen grünen Pflanzenteilen sowie an Blüten. Anders als dem Echten Mehltau manchmal nachgesagt wird, befindet sich der Belag also nicht nur auf der Blattoberseite. Und sowohl beim Echten als auch beim Falschen Mehltau sind die sichtbaren Beläge abwischbar. Die vom Echten Mehltau befallenen Blätter und Triebe können verkrüppeln, und das Wachstum sowie der Blütenknospenansatz können stark gehemmt werden. Die Holzausreife wird verzögert und es kann Blattfall einsetzen.

Der Pilz überwintert hauptsächlich am Pflanzengewebe, häufig auf der Rinde der Pflanzen an den Knospen und den Triebspitzen. Darüber hinaus kann er aber auch über Dauerfruchtkörper (Kleistothecien) am abgefallenen Laub überdauern.
Vorbeugung: Wählen Sie

Belag von überwintertem Echtem Mehltau an der Rinde eines Zweigs.

Belag von Echtem Mehltau an Blattober- und -unterseiten sowie Stängeln und Blütenknospen.

widerstandsfähige Sorten und geeignete Standorte, an denen sich keine Hitze staut. Seien Sie zurückhaltend mit der Stickstoffdüngung. Das Entfernen des Falllaubs im Winter nützt gegen Echten Mehltau wenig.

Gegenmaßnahmen: Schneiden Sie Zweige mit Befallssymptomen (besonders Zweige mit Mehltaubelag bei der Überwinterung) heraus. Notfalls können Sie im Sommer vorbeugend zugelassene Pflanzenschutzmittel einsetzen, zum Beispiel auf Basis von Netzschwefel.

Falscher Mehltau

Falscher Mehltau (*Peronospora sparsa*, Syn. *Pseudoperonospora sparsa*) hat mit dem Echten Mehltau nur den Namen gemeinsam, biologisch gehört er streng genommen noch nicht einmal zu den Pilzen, sondern ist eher mit den Algen verwandt. Er kann bei günstiger Witterung auf den Blattunterseiten einen schütteren, oft kaum wahrnehmbaren grauweißen bis hellbräunlichen Belag bilden (daher der Name), der aber selten mit bloßem Auge erkennbar ist. Die typischen Symptome sind lilarötliche Blattflecke und rascher Blattfall. Anders als bei Infektionen durch Sternrußtau, der ebenfalls Blattfall hervorruft, treten normalerweise keine gelben Flecken auf. Allerdings sind häufig Mischinfektionen aus Sternrußtau, Falschem Mehltau und eventuell noch anderen Krankheitserregern zu finden, so dass sich alle möglichen Symptome auf den Blättern vereinigen können.

Im Gegensatz zu Echtem Mehltau ist der Falsche Mehltau ein „Schlechtwetterpilz", der vor allem bei regnerischer Witterung auftritt, auch wenn es kühl ist. Da er Feuchtigkeit liebt, wird er durch regelmäßiges Gießen über die Blätter gefördert. Bei starken Infektionen können die Pflanzen binnen weniger Wochen völlig kahl sein. Das Wachstum der Rosen und ihre Blütenbildung werden gehemmt. Der Neuaustrieb kann unter Umständen nicht mehr abhärten und dadurch sehr frostempfindlich sein.

Außer Blättern kann der Falsche Mehltau auch junge Triebe infizieren und dann Rindenflecken verursachen, die Schadbildern durch Grauschimmel oder andere Erreger ähneln.

Der Erreger kann in Form von Dauerorganen (Oosporen) sowohl im abgefallenen Laub als auch an den Trieben (hier auch als Myzel)

Rötliche Blattflecken können durch Falschen Mehltau entstehen.

überwintern. Wenn Sie das Falllaub im Herbst entfernen, senken Sie daher den Befallsdruck nur geringfügig.

Vorbeugung: Wählen Sie widerstandsfähige Sorten und geeignete Standorte, an denen die Pflanzen schnell abtrocknen.

Gegenmaßnahmen: Notfalls können Sie im Sommer vorbeugend zugelassene Pflanzenschutzmittel einsetzen.

Ringfleckenkrankheit

Der pilzliche Erreger *Sphaceloma rosarum* (Syn. *Elsinoe rosarum*, *Gloeosporium rosarum*, *Phyllosticta rosarum*), der auch als Anthraknose oder Purpurfleckenkrankheit bezeichnet wird, befällt Rosenblätter, deren Gewebe dann um die Befallsstelle herum abstirbt. Dadurch entsteht ein graubrauner Fleck mit bis zu 5 mm Durchmesser, der von einem dunklen, rötlichen Rand umsäumt ist. Gelegentlich tritt er auch an junger Rinde auf. Die Infektion wird durch Feuchtigkeit gefördert, da die Sporen mit Wasserspritzern und Wind verteilt werden. Häufig tritt er zusammen mit Sternrußtau und/oder Falschem Mehltau als Mischinfektion auf. Starker Befall kann zum Blattfall führen.

Der Erreger überwintert im abgefallenen Laub, daher kann das Entfernen des Falllaubs im Herbst/Winter den Infektionsdruck deutlich verringern.

Vorbeugung: Wählen Sie widerstandsfähige Sorten und geeignete Standorte, an denen die Pflanzen schnell abtrocknen, und entfernen Sie befallene Blätter aus dem Beet.

Gegenmaßnahmen: Notfalls können Sie im Sommer vorbeugend zugelassene Pflanzenschutzmittel einsetzen. Produkte, die gegen Sternrußtau wirken, tun das meist auch gegen die Ringfleckenkrankheit.

Diese Blattflecken wurden durch eine Infektion mit *Phyllosticta* hervorgerufen.

Rost

Der Rosenrost wird durch den pilzlichen Krankheitserreger *Phragmidium mucronatum* verursacht, der in den letzten Jahren aggressiver geworden ist und eine immer größere Bedeutung erlangt.

Auf den infizierten Blättern bilden sich relativ viele, kleine Flecke, auf denen gelbliche bis rötliche Polster mit Fruchtkörpern entstehen. Die Infektion kann schnell zu Blattfall führen. Dadurch wird die Pflanze stark geschwächt und der Neuaustrieb reift unter Umständen nicht aus, so dass er frostanfällig

Rosenrost, hier an den Blättern, wird über den Wind verbreitet.

Zur Überwinterung bildet der Rosenrost schwarze Teleutosporenträger.

wird. Eine besonders hohe Feuchtigkeit ist zur Infektion nicht nötig: Da ihm eine relativ kurze Blattnässedauer von 2–4 Stunden ausreicht, ist der Pilz verhältnismäßig wetterunabhängig. Er kann auch Zweige befallen und darauf orangerote Polster bilden.

Im Gegensatz zu vielen anderen Arten von Rostpilzen wie dem Birnengitterrost, der zwischen Birnbäumen und Wacholdern wechselt, ist der Rosenrost nicht wirtswechselnd und braucht keinen Zwischenwirt. Verbreitet werden die Sporen über Wind. Er überwintert hauptsächlich in Form dunkel gefärbter Teleutosporen auf dem Falllaub, aber auch in Form von Myzel in der Rinde.

Vorbeugung: Wählen Sie widerstandsfähige Sorten. Entfernen Sie befallene Blätter, auf denen der Pilz überwintert, aus dem Beet und entsorgen Sie sie über den Biomüll.

Gegenmaßnahmen: Notfalls können Sie im Sommer vorbeugend zugelassene Pflanzenschutzmittel einsetzen.

Sternrußtau

Der Sternrußtau, *Marssonina rosae* (Syn. *Diplocarpon rosae*), ist ein sehr aggressiver Krankheitserreger an Rosen, in Mitteleuropa vielleicht die am häufigsten auftretende Rosenkrankheit überhaupt. Die Bezeichnung „Strahlpilz", die in älterer Literatur gelegentlich für diesen Krankheitserreger wegen seiner strahlen- oder sternförmigen Ausbreitung auf den Blättern verwendet wird, sollte vermieden werden, da der Begriff Strahlenpilze gleichzeitig auch für eine Gruppe bakterienähnlicher Mikroorganismen (Aktinomyzeten) verwendet wird.

Sternrußtau ist eine häufige Pilzerkrankung an Rosenblättern.

Sternrußtau führt zu dunkel violettgrauen, fast schwarzen, verästelten Zeichnungen auf den Blättern, die oft (aber nicht immer) von gelben Flecken umgeben sind, und verursacht Blattfall. Sternrußtau ist ein „Schlechtwetterpilz", der Feuchtigkeit liebt und sich besonders in Regenperioden ausbreitet. Die Möglichkeit der sehr schnellen und sehr starken Ausbreitung mit nachfolgendem Blattfall kann dazu führen, dass die Pflanzen schon sehr früh im Jahr ihr Laub verlieren, stark geschwächt werden und der Neuaustrieb vor dem Winter nicht mehr ausreichend abhärten kann. Der Pilz überwintert auf den Knospen, der Rinde und vor allem dem Laub, daher sollte das Falllaub möglichst sorgfältig entfernt werden.

Vorbeugung: Wählen Sie widerstandsfähige Sorten und geeignete Standorte, an denen die Pflanzen schnell abtrocknen, entfernen Sie befallene Blätter aus dem Beet und entsorgen Sie sie über den Biomüll. Auch die Bodenabdeckung mit Mulch kann den Infektionsdruck etwas senken.

Gegenmaßnahmen: Notfalls schneiden Sie stark befallene Pflanzen zurück und setzen Sie im Sommer vorbeugend zugelassene Pflanzenschutzmittel ein.

Rußtau

Tritt an Rosen Honigtau, ein klebriger farbloser Zuckerbelag, auf, wird dieser schnell von einem schwarzen Pilzbelag bedeckt, der als Rußtau (nicht zu verwechseln mit Sternrußtau) bezeichnet wird. Rußtaupilze (Capnodiales), die eine ganze Gruppe (botanisch: Ordnung) unterschiedlicher Gattungen und Arten umfasst, ernähren sich saprophytisch an Rosen von Zucker. Sie bilden dunkel oder schwarz gefärbte Hyphen auf dem Zuckerbelag, dringen aber ins Blattgewebe nicht ein. Sie schädigen das Pflanzengewebe darunter also nicht direkt, sehr dichte Beläge verringern allerdings die Assimilation in den Blättern und können dadurch zum Blattfall führen.

Ursache für Rußtauelag auf Rosenblättern sind saugende Insekten.

Der Honigtau wird von saugenden Insekten ausgeschieden und ist ein sicheres Zeichen für Befall durch diese Schädlinge. Dabei handelt es sich meist um Blattläuse oder Schildläuse (auch Weiße Fliege). Ein leichter Befall an Blattläusen und entsprechend ein leichter Rußtaubelag können toleriert werden.

Auch wenn der Rußtau ein Namensvetter des Sternrußtaus ist, sind die beiden vom Schadbild her recht gut zu unterscheiden. Im Zweifelsfall kann man den Rußtau daran erkennen, dass man den schwarzen Belag leicht vom Blatt abwischen kann, während sich die schwarzen Sternrußtau-Flecken nicht abwischen lassen.

Vorbeugung: Wenn nötig, sollten Sie die Honigtaubildung durch die Bekämpfung der Insekten verhindern.

Gegenmaßnahmen: Die Honig- und Rußtaubeläge können durch Regen oder wiederholte Bewässerung abgespült werden.

Pilzliche Erreger an anderen Pflanzenteilen

Außer an den Blättern können Pilze auch an den übrigen Pflanzenteilen erhebliche Schäden verursachen. Es gibt hier eine ganze Reihe von infrage kommenden Übeltätern.

Grauschimmel

Grauschimmel (*Botrytis cinerea*) kann Knospen, Knospenstiele, Zweige und Blätter von Rosen (und von vielen anderen Pflanzengattungen) befallen, bevorzugt infiziert er aber die Blüten, wenn sie sich öffnen. Befallene Pflanzenteile werden braun, sterben ab, und es kann sich der namensgebende, graue Pilzbelag bilden. Bei Berührung bilden sich aus den grauen Sporenträgern manchmal gut sichtbare „Staubwolken" aus Sporen. Der graue Belag tritt allerdings nicht immer auf: Auch ohne ihn kann eine *Botrytis*-Infektion für das Absterben von Pflanzenteilen verantwortlich sein.

Botrytis liebt hohe Luftfeuchte und verträgt kühle Temperaturen. Besonders stark tritt der Erreger bei regnerischem, kühlem Wetter auf, vor allem an schattigen Standorten. Er kann sogar bei Temperaturen von 2 °C die Pflanzen befallen und ist daher ein gefürchteter Schaderreger in den feuchten Kühllagern, in denen Rosen überwintert werden.

Blütenschäden

Besonders empfindlich gegen Grauschimmelbefall sind die Blütenknospen sowie die geöffneten Blüten. Die Blütenblätter werden hell, dann braun, und häufig entstehen an den Infektionsstellen kleine, manchmal rot umrandete Flecken. Gelegentlich werden diese Flecken irrtümlich als Schäden durch Wassertropfen interpretiert.

Bei manchen Sorten können durch Grauschimmelinfektionen auch die Blütenknospen samt ihrer Stiele absterben und abfallen. Besonders empfindlich sollen kleinblumigen Rosensorten wie 'Gabriele Privat', 'Orange Triumph', 'Red Triumph' sein.

Blütenknospen können aber auch aus anderen Gründen als Pilzbefall in allen Entwicklungsstadien von den Pflanzen abgestoßen werden. Die Ursachen können unterschiedlicher physiologischer Natur sein, zum Beispiel ein ungeeigneter Standort, kaltes Wetter, Nährstoffmangel oder Schäden durch Pflanzenschutzmitteleinsatz.

Vorbeugung und Gegenmaßnahmen: Siehe Seite 96 bei „Blätter und Triebe".

Blätter und Triebe

Selbstverständlich können auch Blätter und Triebe der Rosen durch Grauschimmel geschädigt werden. Am ansonsten grünen Rindengewebe der
Triebe können die Infektionen braunrote Flecke hervorrufen. Die Schäden
treten sortenbedingt (*Rosa lambertiana* 'Sparrieshoop') auf, besonders bei
extrem kräftigem und mastigem Holz. Der Befall ist vor allem über Winter
an relativ weichen, schlecht ausgereiften Zweigen zu finden. Bei leichteren
Infektionen muss nicht unbedingt ein nennenswerter Schaden an den
Pflanzen entstehen, denn die roten Flecke selbst sind harmlos. Allerdings
kann die Infektion auch so stark sein, dass ganze Triebe oder sogar ganze
Pflanzen absterben. Das passiert hauptsächlich bei der Lagerung im Kühlraum oder im Einschlag der Baumschule, am Endstandort sind die Schäden
meist weniger schlimm.

Links: Grauschimmel bildet einen grauen Sporen-
trägerbelag.

Rechts: Auch die Rinde von Zweigen kann durch
Grauschimmel-Befall absterben.

Links unten: Grauschimmel-Befall bildet auf dem
Blatt einer Rose eine große, hellbraune, abgestorbene Fläche. Zusätzlich sind dunkelbraune Flecke
durch Sternrußtau zu erkennen.

Rechts unten: Der Knospenstiel dieser Rose ist
durch Grauschimmel-Befall abgestorben.

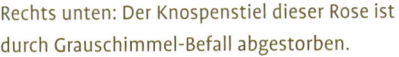

Vorbeugung: Wählen Sie luftige, helle Standorte, an denen die Pflanzen schnell abtrocknen. Halten Sie den Bestand durch Schnittmaßnahmen locker. Seien Sie zurückhaltend mit der Stickstoffdüngung und versorgen Sie die Pflanzen ausreichend mit Kalium, Magnesium und Calcium (aber keine Überversorgung!).

Gegenmaßnahmen: Entfernen Sie absterbende Blüten und andere Pflanzenteile sofort. Die marktüblichen Fungizide wirken nur unzuverlässig gegen Grauschimmel, außerdem entwickelt dieser Schaderreger schnell Resistenzen gegen die meisten Wirkstoffe.

Rindenfleckenkrankheit

Coniothyrium wernsdorffiae, *Leptosphaeria coniothyrium*, *Lasiodiplodia theobromae*, *Discostroma corticola* und andere pilzliche Krankheitserreger verursachen einander sehr ähnliche Schadbilder, die als Rinden- oder Brandfleckenkrankheit bezeichnet werden. Sie infizieren vor allem die Rinde von mastig gewachsenen Trieben von Kletterrosen an sonnigen Standorten, aber auch andere Sortengruppen können betroffen sein. Es entstehen rötlich braune Flecken an der Rinde, meist an den Knospen. Normalerweise werden sie von einem kreisförmigen, dunklen Rand umgeben. Das Rindengewebe wird braun (nekrotisch), es bilden sich winzige, pustelförmige, schwarze, bis zu 1 mm große Fruchtkörper. Langfristig stirbt der darüber befindliche Teil des Triebes ab. Auch frisch okulierte Knospen (Augen) werden befallen.

Darüber hinaus spielen auch Grauschimmel und Falscher Mehltau als Erreger von Rindenflecken eine wichtige Rolle. Sie bilden allerdings keine schwarzen Fruchtkörper.

Die Sporen der Erreger werden über Wind und Wasserspritzer verbreitet. Gefördert werden die Infektionen durch zu hohe Stickstoffdüngung, mechanische Verletzungen und Insektenbefall.

Vorbeugung: Seien Sie zurückhaltend mit der Stickstoffdüngung, besonders im Spätsommer, und achten Sie auf fachgerechten Schnitt (keine Zapfen stehen lassen).

Gegenmaßnahmen: Schneiden Sie befallene Triebe bis ins gesunde Holz zurück und entsorgen Sie sie über den Biomüll.

Rotpustelkrankheit

Die Rotpustelkrankheit, *Nectria cinnabarina*, befällt das Holz vor allem von Johannisbeeren, Ahorn und Robinien, aber auch von Rosen. Das infizierte Gewebe wird braun und stirbt ab. Charakteristisch sind die auffälligen, etwa 0,5–3,0 mm großen, rötlichen

Der Befall durch die Rindenfleckenkrankheit, hier an einem Kletterrosentrieb, kann durch verschiedene Pilze verursacht werden.

Am Trieb einer Johannisbeere zeigt sich die Rotpustelkrankheit.

bis lachsfarbenen Sporenpolster, die sich auf dem toten Holz bilden. Der Erreger liebt Feuchtigkeit und lebt auch oft auf totem Holz.

Verwandt mit der Rotpustelkrankheit ist der Obstbaumkrebs, *Nectria galligena*, der vor allem bei Apfelbäumen tumorartige Wucherungen verursacht. Nach Erfahrungen von Pflanzenschutzämtern befällt er aber keine Rosen. Gegenteilige Berichte beruhen möglicherweise auf Verwechslungen mit Bakterienkrebs.

Vorbeugung: Wählen Sie einen geeigneten Standort, an dem die Pflanzen schnell abtrocknen. Halten Sie sie durch regelmäßigen Schnitt locker, damit die Zweige schnell abtrocknen. Entfernen Sie tote Zweige sofort, beim Schnitt keine Zapfen stehen lassen. Das muss auch bei benachbarten, anfälligen Pflanzen wie Johannisbeersträuchern geschehen, um den Infektionsdruck möglichst gering zu halten.

Gegenmaßnahmen: Schneiden Sie abgestorbene Triebe bis ins gesunde Gewebe zurück und entsorgen Sie Zweige, die an Rotpustelkrankheit erkrankt sind, über den Biomüll. Desinfizieren Sie nach dem Schnitt erkrankter Pflanzen die Schnittwerkzeuge.

Valsakrankheit

Die Valsakrankheit (*Valsa cincta*, Syn. *Leucostoma cincta*; *Valsa persoonii*, Syn. *Leucostoma persoonii* u. a.) verursacht Triebsterben und tritt vor allem an Zwetschgenbäumen auf. Der Erreger dringt meist durch Wunden von mechanischen Verletzungen oder Frost auf, die Rinde wird braun und es erscheinen kleine schwarze Fruchtkörper (Pyknidien). An Zwetschgen wird die Valsakrankheit wegen ihres Erscheinungsbildes auch als Krötenhautkrankheit bezeichnet. Es können aber auch andere Rosengewächse (Rosaceae) befallen werden, und auch Rosen sollen zu den Wirtspflanzen gehören. Besonders gefährdet sollen Strauchrosen in der Nähe befallener Zwetschgenbäume sein.

Der Pilz benötigt zur Infektion feuchtes Wetter und tritt vor allem nach Regenperioden auf. Meist werden einjährige Triebe befallen, seltener zweijährige. Oberhalb der Infektionsstelle welken die Triebe.

Vorbeugung: Lassen Sie bei Schnittarbeiten keine Zapfen stehen, durch die der Erreger leicht eindringen kann.

Gegenmaßnahmen: Schneiden Sie abgestorbene Triebe bis ins gesunde Gewebe zurück und entsorgen Sie sie über den Biomüll.

Verticillium-Welke

Ein Pilz, der ein breites Spektrum an Laubgehölzen infiziert und zu Welkeerscheinungen führt, ist *Verticillium dahliae*. Er ist besonders aggressiv bei (Japanischen) Ahornbäumen, Robinien und *Catalpa*, aber auch viele andere Gehölze und krautige Pflanzen können befallen werden. Rosen gehören ebenfalls zu den Wirtspflanzen, obwohl er dort keine so großen Schäden zu verursachen scheint wie an manchen anderen Gehölzen.

Verticillium überdauert mit sogenannten Mikrosklerotien im Boden, aus denen er sobald er in Kontakt mit den Wurzeln einer Wirtspflanze kommt, diese infiziert. Über die Wurzeln verbreitet er sich im Holzteil der Leitungsbahnen, dem Xylem. Dort kann er den Wassertransport innerhalb der Pflanze blockieren, so dass die darüberliegenden Pflanzenteile sektorweise welken. Schlimmstenfalls können Teile der Pflanze oder ganze Pflanzen absterben, besonders oft ist das bei Japanischen Ahornen (*Acer palmatum*) der Fall.

Im Querschnitt befallener Triebe zeigen sich als typisches Symptom ringförmige oder halbmondförmig im Splintholz bzw. Xylem angeordnete, bräunliche bis schwarze Verfärbungen.

Der Erreger gelangt vor allem über absterbende Wurzelreste oder über Falllaub in den Boden und kann dort sehr lange überdauern. Auf Flächen, auf denen vorher erkrankte Ahorne, Erdbeeren, Kartoffeln, Sonnenblumen oder andere Wirtspflanzen standen, sollten daher keine empfindlichen Pflanzen gesetzt werden. Ob bei Rosen darauf Rücksicht genommen werden muss, ist fraglich.

Vorbeugung: Im Zweifelsfall sollten Sie Flächen mit starkem Befallsdruck von *Verticillium* meiden oder wie bei der Bodenmüdigkeit einen Bodenaustausch durchführen. Der Grad der Verseuchung des Bodens mit *Verticillium* kann in Speziallaboren untersucht werden.

Gegenmaßnahmen: Notfalls können Sie befallene Pflanzen roden und über den Biomüll oder die kommunale Grüngutsammlung entsorgen.

So sehen die typischen Verfärbungen durch *Verticillium*-Befall aus (Holz eines *Koelreuteria*-Zweigs).

Hallimasch

Es gibt verschiedene Arten von Hallimasch (*Armillaria* spp.). Einige zersetzen nur totes Holz, andere wie der Honiggelbe Hallimasch (*Armillaria mellea*) können auch gesunde Pflanzen befallen. Die infizierten Pflanzen kümmern und sterben nach einiger Zeit ab. Unter ihrer Rinde befindet sich ein auffälliges, weißes, nach Pilz riechendes Geflecht, das oft von schwarzen, fadenartigen Strukturen durchzogen ist. Hallimasch vermehrt sich hauptsächlich in Stümpfen abgesägter Bäume oder in abgestorbenen Rosen, die im Boden belassen werden, und infiziert von dort aus gesunde Pflanzen. Auch infizierte Holzstämme oder Äste, die im Garten lagern, können Brutstätte von Hallimasch sein.

Im Spätsommer und Herbst kann er auffällige, hutförmige, gelbliche Fruchtkörper bilden, tut das an Rosen aber in der Regel nicht. Die Hüte sind in manchen Regionen als Speisepilz beliebt, können aber Übelkeit hervorrufen, besonders wenn sie nicht ausreichend gegart sind.

Vorbeugung: Abgestorbene Rosensträucher und auch andere tote Gehölze sowie Baumstümpfe sollten Sie umgehend mit möglichst viel Wurzelmasse aus dem Boden entfernen und über den Biomüll oder die kommunale Grüngutsammlung entsorgen.

Gegenmaßnahmen sind nicht möglich.

An diesen Baumstümpfen zeigen sich die Fruchtkörper des Hallimasch.

Zwischen Rinde und Holz dieser abgestorbenen Rose sieht man das weiße Pilzgewebe des Hallimasch.

Fruchtfäulen

Wenn Hagebutten im Herbst braun bis schwarz werden, ist meist ein Befall mit pilzlichen Fäuleerregern wie *Glomerella cingulata* die Ursache dafür. Vermutlich können aber auch andere Fruchtfäuleerreger die Ursache sein. Sie werden durch regnerisches Wetter im Sommer oder Spätsommer gefördert und können neben Hagebutten auch Früchte vieler anderer Pflanzengattungen befallen. Mechanische Beschädigungen oder Schädlingsbefall können die Infektionen deutlich verstärken. Oft geht ein Befall mit Hagebuttenfliege (*Zonosema alternata*, Syn. *Spilographa alternata*), Hagebuttenwickler (*Grapholita roseticolana*, Syn. *Grapholitha roseticolana*) oder der Kirschessigfliege (*Drosophila suzukii*) voraus.

Vorbeugung: Wenn Sie Hagebutten ernten möchten, sollten Sie das möglichst früh tun, bevor sich im Herbst die Fruchtfäuleerreger ausbreiten und auch bisher gesunde Früchte infizieren. Um den Infektionsdruck zu senken, können Sie die erkrankten Früchte pflücken und zum Beispiel über den Biomüll entsorgen.

Durch pilzliche Fruchtfäule verbräunte Hagebutten sind nicht mehr genießbar.

Schädlinge an Rosen

Tiere, ob klein oder groß, die Schäden an Rosen verursachen, fungieren hier als Schädlinge, auch wenn sie durchaus ihren Platz in der Natur haben. Die Tiere, die von Rosen leben, sind zahlreich, trotzdem können sie, wenn der Befall nicht allzu hoch ist, toleriert werden.

Gleichgewicht zwischen Schädlingen und Nützlingen

Ein Tier sollte nur dann als Schaderreger betrachtet werden, wenn es gärtnerische oder landwirtschaftliche Kulturpflanzen bedroht. Es sollte also nicht grundsätzlich als Schädling diffamiert werden.

Pflanzenschutzmittel: nur im Notfall

Ein geringer Befall an Schädlingen sollte toleriert werden, weil dadurch nützliche Insekten angelockt werden können, die unter Umständen später seine Ausbreitung im Zaum halten. Das ist allerdings nicht immer der Fall, und wie hoch die tolerierbare Schadschwelle liegt, ab der Gegenmaßnahmen ergriffen werden müssen, hängt vom Einzelfall ab. Im Erwerbsanbau ist sie sicher deutlich niedriger als im Hausgarten, wo möglichst auf Bekämpfungsmaßnahmen verzichtet werden sollte.

Pflanzenschutzmittel (auch solche, die für den Bioanbau erlaubt sind) können das natürliche Gleichgewicht zwischen Schädlingen und Nützlingen empfindlich stören, so haben zum Beispiel Behandlungen mit raubmilbenschädigenden Insektiziden gegen Blattläuse nicht selten zur Folge, dass Spinnmilben sich nach der Beseitigung ihrer Gegenspieler stark vermehren können.

Durch Nistmöglichkeiten für Vögel, Anreize für Schwebfliegen (Blühstreifen) und eine nicht zu klinisch saubere Umgebung von Rosenpflanzungen können Nützlinge deutlich gefördert und Probleme mit Insekten verringert werden.

Die Widerstandfähigkeit der Sorten besitzt beim Schädlingsbefall leider deutlich weniger Bedeutung als bei Krankheiten, denn tierische Schaderreger kann die Pflanze schlechter abwehren als Krankheitserreger.

Nematoden

Nematoden (Älchen, Fadenwürmer) sind sehr kleine, mit dem bloßen Auge nicht sichtbare Würmer, die unterschiedlichste Nahrungsquellen haben können.

Nützlich oder schädlich?

Entomophage Nematoden zum Beispiel sind für uns nützlich, da sie (für unsere Kulturpflanzen schädliche) Insekten befallen und unter anderem erfolgreich gegen die Larven des Gefurchten Dickmaulrüsslers eingesetzt werden. Die meisten Nematoden sind harmlos, leben im Boden und sind dort saprophag mit dem Abbau organischer Substanz beschäftigt. Manche Arten leben allerdings phytophag, befallen Pflanzen und können daher auch für Rosen sehr schädlich werden.

Wurzelnematoden

Vor allem bei einer Nachpflanzung von Rosen kann neben Nachbauschwierigkeiten („Bodenmüdigkeit", siehe Seite 66) auch verstärkter Befall mit Wurzelälchen zum Beispiel der Gattungen *Pratylenchus* und *Meloidogyne*

Durch Nematoden können Wurzelschäden hervorgerufen werden.

Gegen *Pratylenchus*-Nematoden lassen sich Studentenblumen (*Tagetes*) wirksam einsetzen.

auftreten. Die Älchen stechen die Wurzeln an, schädigen sie und hemmen dadurch das Wachstum der oberirdischen Triebe. Bei *Meloidogyne* treten knotenartige Verdickungen an den Wurzeln auf, bei *Pratylenchus* verkümmern und verzweigen die Wurzeln stark („Wurzelbärte").

Vorbeugung: Vermeiden Sie möglichst, Rosen dort wieder aufzupflanzen, wo schon Rosen gestanden hatten.

Gegenmaßnahmen: Im Erwerbsanbau ist vor der Rosenpflanzung Dämpfen des Bodens oder je nach Zulassungssituation evtl. der Einsatz chemischer Bodendesinfektionsmittel möglich, vor allem gegen Bodenmüdigkeit (siehe Seite 66). Dabei werden auch Nematoden erfasst.

Wenn nur Nematodenprobleme herrschen und keine anderen Nachbauschwierigkeiten, kann eine Vorkultur von *Tagetes* (Studentenblume) als Gründünger sinnvoll sein, die die Nematodendichte im Boden deutlich verringert. Allerdings muss der *Tagetes*-Bestand weitgehend unkrautfrei sein. Im Erwerbsanbau stehen dafür geeignete Herbizide zur Verfügung, im Hausgarten müssen die *Tagetes* sauber gejätet werden. *Tagetes* helfen leider nur gegen Nematoden der Gattung *Pratylenchus*, nicht gegen andere Nematoden und nicht gegen andere Nachbauschwierigkeiten.

Praxiserfahrungen zufolge sind als Veredlungsunterlagen die *Rosa-canina*-Sorten 'Inermis', 'Pfänders' und 'Heinsons Rekord' deutlich weniger empfindlich gegen Nematoden und andere Nachbauschwierigkeiten als *Rosa corymbifera* 'Laxa' und *Rosa multiflora*.

Milben

Milben sind sehr kleine, spinnenähnliche Geschöpfe (Unterklasse Acari der Spinnentiere Arachnida). Die meisten von ihnen sind harmlose Bodenbewohner, manche nützlich, aber manche leben auch von Pflanzensaft und können erhebliche Schäden an Rosen hervorrufen.

Spinnmilben

Spinnmilben („Rote Spinne", z. B. *Tetranychus urticae*) sind sehr kleine, mit den Augen gerade noch erkennbare, etwa 1 mm große Tiere, die als Larven 6 und als erwachsene Tiere 8 Beine besitzen. Sie treten besonders an heißen, windstillen Orten auf, vor allem in Gewächshäusern. In Hausgärten werden sie normalerweise von Raubmilben so stark dezimiert, dass sie keine Probleme verursachen.

Durch ihre Saugtätigkeit an den Blattunterseiten entstehen kleine, weiße Flecken, die bei Massenauftreten zum Blattfall führen können. Häufig, aber nicht immer, spinnen sie feine Netze, unter denen sie sitzen (daher der Name). Normalerweise sind die Tiere gelblich, ihr Name „Rote Spinne" bezieht sich auf die überwinternden Stadien, die sich rötlich färben können.

Spinnmilben mögen besonders heiße, windstille Orte.

Sie sind nicht zu verwechseln mit den 1–4 mm großen, sehr beweglichen, auffällig roten Spinnentieren, die gelegentlich auch an Rosen zu finden sind und von Laien manchmal für „Rote Spinne" gehalten werden: Dabei handelt es sich um die nützlichen Roten Samtmilben, *Trombidium holosericeum.*

Vorbeugung: Meiden Sie heiße, trockene Standorte. Spinnmilben werden durch den Einsatz raubmilbenschädigender Insektizide (z. B. mit Wirkstoffen wie Lambda-Cyhalothrin, Deltamethrin, Pyrethrine, Acetamiprid) gefördert, daher sollten Sie diese meiden.

Gegenmaßnahmen: Im Erwerbsgartenbau werden Raubmilben eingesetzt, die im Nützlingshan-

del gekauft werden können. Für einen erfolgreichen Nützlingseinsatz ist allerdings viel Erfahrung und Fachkenntnis erforderlich, so dass es fraglich ist, ob er im Privatbereich empfehlenswert ist. Der erfolgreiche Einsatz der aktuell zugelassenen Akarizide ist nicht einfach (Blockspritzungen, unter Beachtung der Resistenzgruppen) und sollte nur im Erwerbsgartenbau erfolgen. Rapsölhaltige Pflanzenschutzmittel wirken recht gut gegen Spinnmilben, wenn diese direkt damit in Kontakt kommen. Von Eigenmischungen aus Salatöl und anderen Stoffen, die manchmal für den Hausgarten empfohlen werden, ist allerdings abzuraten.

Gallmilben

Die Gruppe der sehr kleinen, mit bloßem Auge nicht sichtbaren Gallmilben, die an anderen Gehölzen auffällige Symptome hervorrufen kann, ist an Rosen selten zu beobachten. Vereinzelt wird von Befall durch *Aceria rhodites* (Syn. *Eriophyes rhodites*) an Rosen berichtet, die Blattverkrüppelungen und aufwärtsgerichtete Blattrollungen verursachen soll. Große Probleme bereiten Gallmilben aber an Rosen normalerweise nicht.

Ohrwurm, Heuschrecke und Thrips

Aus manchen Insektengruppen sind nur wenige Vertreter für uns interessant (im Gegensatz z. B. zu den Milben oder Läusen), deswegen werden sie hier in diesem Kapitel zusammengefasst.

Ohrwurm

Der Gemeine Ohrwurm oder Ohrenkneifer (*Forficula auricularia*) ist ein 10–16 mm langes Insekt aus der Ordnung der Dermaptera, das die nützliche Eigenschaft besitzt, Blattläuse und andere Insekten zu fressen. Ohrwürmer vertilgen aber auch Pflanzenteile und können an Früchten und Pflanzen erheblichen Schaden anrichten, wenn sie in großer Zahl auftreten. Vor allem an den jungen, zarten Nebenblättchen, Blättern, Knospen und Blütenblättern fressen sie gern, so dass diese beim Aufblühen ausgefranst aussehen.

Die Blütenblätter im jungen Stadium können auch von verschiedenen anderen Tieren geschädigt werden. Neben Blasenfüßen (Thrips, siehe Seite 111) können unterschiedliche Arten von Käfern das Symptom verursachen, wenn sie an den noch sehr jungen, kaum geöffneten Knospen nagen. Wenn der Schaden entdeckt wird, sind die Verursacher normalerweise nicht mehr zu finden. Das Ausmaß des Schadens ist aber meist nicht so groß, dass Gegenmaßnahmen ergriffen werden müssen.

Ohrwürmer können zwar fliegen, tun das aber selten. Sie sind nachtaktiv und verbringen den Tag möglichst in dunklen Verstecken. Pro Jahr bilden sie

Die Triebspitzen einer Rose sind für Ohrwürmer besondere Leckerbissen.

Aber auch eine Rosenblüte lassen sie sich schmecken.

eine Generation und überwintern als erwachsene Tiere an geschützten Orten. Die Zangen, die sie am Hinterleib tragen, nutzen sie hauptsächlich zum Beutefang, sie sind für den Menschen völlig harmlos.

Vorbeugung: Verhindern Sie rechtzeitig, dass sich Unkraut als Nebenwirt oder Unterschlupf für die Ohrwürmer entwickeln kann.

Gegenmaßnahmen: Sie können die Ohrwürmer absammeln.

Laubheuschrecke

Gelegentlich verursachen Laubheuschrecken (Tettigonioidea) Fraßschäden an Rosen. Sie gehören zu einer Überfamilie der Insektenordnung der Heuschrecken (Orthroptera). In Mitteleuropa sind verschiedene Gattungen von ihnen zu finden, meist sind sie grün gefärbt wie die 1,5 cm lange Punktierte Zartschrecke (*Leptophyes punctatissima*). Sie treten vor allem bei warmem Wetter im Hochsommer auf und haben ein breites Wirtspflanzenspektrum. Neben verschiedenen anderen Laubgehölzen und Stauden befallen sie auch Rosen, bei denen sie vor allem an den Blättern und den Blütenknospen fressen. Jüngere Tiere benagen meist lediglich die oberen Schichten des Blattgewebes, so dass „Fensterfraß" entsteht. Größere Tiere fressen Löcher in die Blattspreite oder den Blattrand.

Die Weibchen der Punktierten Zartschrecke legen im Spätsommer Eier im Boden ab, aus denen dann im folgenden Frühjahr Larven schlüpfen, so dass sie eine Generation pro Jahr bilden.

Das auffällig große, bis zu 4 cm lange Grüne Heupferd *Tettigonia viridissima* lebt übrigens hauptsächlich von Insekten, ist also aus gärtnerischer Sicht eher als nützlich anzusehen.

Gegenmaßnahmen: Sammeln Sie, wenn nötig, die Heuschrecken ab, vor allem in den frühen Abendstunden.

Larve einer Laubheuschrecke.

Laubheuschrecken fressen gerne an Rosenknospen.

Thrips

Verschiedene Gattungen und Arten (*Thrips fuscipennis, Frankliniella occidentalis* u. a.) von Thripsen (Ordnung Thysanoptera), die auch als Blasenfüße oder Fransenflügler bezeichnet werden, können an Rosen große Probleme bereiten. Thripse sind sehr kleine, nur etwa 1–2 mm lange Insekten, die besonders an den Blüten von Rosen erhebliche Schäden anrichten können. An Blättern entstehen durch die Saugtätigkeit der Tiere weiße Flecken, die denen durch Spinnmilben oder Rosenzikaden ähneln. An stark befallenen Blüten können die Blütenblätter verkrüppelt sein, ihre Farbe verlieren und schlimmstenfalls eintrocknen.

Ein starker Thripsbefall verursacht Blütenschäden.

Da Blütenthripse mit Pflanzenschutzmitteln schwer zu kontrollieren sind, sind sie gerade im Erwerbsgartenbau besonders gefürchtet. In Gewächshäusern werden blau gefärbte Leimtafeln aufgehängt, um die Tiere anzulocken und Befallskontrollen durchzuführen. Als Bekämpfungsmethode eignen sie sich allerdings nicht, dafür ist das Fangergebnis zu gering. Die Tiere können sich sehr schnell vermehren, unter Gewächshausbedingungen soll zum Beispiel *Frankliniella occidentalis* 12–15 Generationen pro Jahr bilden können.

Gegenmaßnahmen: Geschädigte Blüten können Sie entfernen. Im Erwerbsgartenbau werden unter Umständen zugelassene Insektizide eingesetzt, deren Wirkung aber häufig mangelhaft ist. Umweltfreundlicher ist der Einsatz von Nützlingen wie *Amblyseius*-Raubmilben oder *Orius*-Raubwanzen, der manchmal auch in Kombination mit dafür geeigneten Insektiziden durchgeführt wird. Für beides ist viel Fachkenntnis erforderlich.

Pflanzensauger

Die Insektengruppe der Pflanzensauger oder Gleichflügler (Homoptera) spielt für die Rosen eine wichtige Rolle, denn hierzu gehören die Pflanzenläuse und Zikaden. Eng verwandt damit sind die Wanzen (Heteroptera).

Blattläuse

Blattläuse treten vor allem an Trieben, Blättern und Blütenknospen von Rosen auf und können sie durch ihre Saugtätigkeit stark schädigen (Wachstumshemmung, Verkrüppelungen). An Rosen sind viele unterschiedliche Gattungen wie die Große Rosenblattlaus (*Macrosiphum rosae*), die Grüne Apfelblattlaus (*Aphis pomi*), die Baumwollblattlaus (*Aphis gossypii*), die Grünstreifige Kartoffellaus (*Macrosiphum euphorbiae*) und neuerdings auch die gelblich gefärbte Amerikanische Rosenlaus (*Rhodobium porosum*) zu finden.

Eine Besonderheit bildet die bräunlich gefärbte Rosenrindenlaus (*Maculolachnus submacula*), die sich nicht an den Blättern, sondern an den Trieben und auch den Wurzeln der Rosen aufhält und durch ihre Saugtätigkeit starke Wachstumsdepressionen auslösen kann.

Manche Arten wie die Baumwollblattlaus sind besonders wärmeliebend, treten daher meist im Gewächshaus auf und überwintern als erwachsene

Das Eigelege der Grünen Apfelblattlaus wurde zum Überwintern an einem Apfeltrieb abgelegt.

Zum Glück gibt es gegen die Grüne Apfelblattlaus einige Nützlinge.

Tiere. Andere wie die Rosenrindenlaus, die Große Rosenblattlaus und die Grüne Apfelblattlaus überwintern in Form von glänzend schwarzen Eiern an den Rosentrieben.

Besonders bei warmer Witterung im Frühsommer können sich Blattläuse gut entwickeln, die Große Rosenblattlaus auch an Nebenwirten wie Karde (*Dipsacus sylvestris*) oder Baldrian (*Valeriana officinalis*).

Die Läuse sondern klebrigen Honigtau ab, auf dem sich schwarze Pilze (Rußtau, siehe Seite 94) ansiedeln können.

Vorbeugung: Wählen Sie geeignete Standorte (freie, gut durchlüftete Lagen).

Gegenmaßnahmen: Manche Blattlausgattungen können Sie mit einem harten Wasserstrahl von den Zweigen und Blättern abspülen. Die Wirkung und Zulässigkeit von Pflanzenjauchen ist dagegen umstritten. Notfalls können Sie geeignete zugelassene Insektizide einsetzen (Bienenfreundlichkeit beachten!). Blattläuse werden häufig von Nützlingen (Marienkäfern, Schwebfliegen, Schlupfwespen, räuberischen Gallmücken und vielen anderen) vertilgt, die unbedingt geschont werden sollten. Außerdem sind Nützlinge im Handel, die in Gewächshäusern recht erfolgreich gegen Blattläuse eingesetzt werden können.

Schildläuse saugen auch an Rosen: links „Crawler", rechts große Schilde der Muttertiere mit „Crawlern" drumherum.

Schildläuse

An Rosen treten Schildläuse (*Eulecanium corni, Aulacaspis rosae*) zwar nicht sehr häufig auf, aber gelegentlich können sie besonders an trockenen Standorten deutliche Schäden verursachen. Wegen der dort herrschenden trockenen und warmen Bedingungen werden vor allem Kletterrosen an Hauswänden befallen. Unter den Schilden der älteren Tiere krabbeln als erstes bewegliches Stadium die sogenannten „Crawler" („Krabbler") hervor, die noch sehr weich und empfindlich sind. Sie besiedeln junge Triebe, setzen sich dort fest und bleiben dann unbeweglich. Unter den Schilden legen später die erwachsenen Weibchen ihre Eier, sterben dann ab, und aus den Eiern schlüpft dann die nächste Generation der „Crawler", die später die Schilde verlassen. Mit ihrer

Saugtätigkeit können Schildläuse ihre Wirtspflanzen bei Massenauftreten sehr schwächen und sogar zum Absterben führen.

Die Große Obstbaumschildlaus (*Eulecanium corni*) gehört zu den Napf-schildläusen und hat einen breiten Wirtspflanzenkreis, zu dem auch Rosen gehören. Die Läuse dieser Gattung saugen an den Leitungsbahnen und son-dern stark klebrigen Honigtau ab, auf dem sich schwarze Pilze (Rußtau) ansiedeln können (siehe Seite 94).

Die Kleine Rosenschildlaus (*Aulacaspis rosae*) ist eine Deckelschildlaus und saugt im Gewebe (Parenchym), sie scheidet keinen Honigtau aus.

Auch Mottenschildläuse („Weiße Fliege") zum Beispiel der Art *Trialeuro-des vaporariorum* treten gelegentlich an Rosen auf, vor allem in Gewächs-häusern.

Vorbeugung: Vermeiden Sie für die Rosen besonders heiße und trockene Standorte. Sorgen Sie für eine ausreichende Wasserversorgung.

Gegenmaßnahmen: Bei Bedarf können Sie geeignete Pflanzenschutzmittel einsetzen. Zum Beispiel sind Öle gegen die jüngeren Stadien, besonders die „Crawler", recht wirkungsvoll.

Rosenzikade

Meist richten Rosenzikaden keine großen Schäden an.

Die nur 3 mm langen, hellgelben bis grünlichen Zikaden (*Typhlocyba rosae*, Syn. *Edwardsiana rosae*) saugen an den Blättern und verursachen dadurch kleine, weiße bis gelbliche Punkte, die den Saugschäden von Spinnmilben ähneln, aber etwas größer sind. Anders als bei Spinnmilbenbefall (siehe Seite 107) sind auf den Blattunterseiten allerdings entweder die Zikaden selbst oder ihre weißen Häutungsreste zu sehen.

Die kleinen Zikaden sind gut zu erkennen, sehr beweglich und nei-gen zum Springen. Bei starkem Befall verlieren die Blätter einen großen Teil ihres Chlorophylls, so dass die Pflanzen unter Wachstums-stockungen leiden. Die Tiere sind von Mai bis September auf den Blattunterseiten zu finden und überwintern als Eier an den Trieben. Pro Jahr bilden sie zwei Genera-tionen.

Vorbeugung: Vermeiden Sie sehr warme Standorte, an denen sich die Tiere besonders stark vermehren.

Gegenmaßnahmen: Meist ist der Schaden durch die Rosenzikaden so gering, dass er toleriert werden kann. Bei Bedarf werden besonders im Erwerbsanbau bei Befall zugelassene Insektizide eingesetzt.

Wiesenschaumzikade

Die bis zu 7 mm lange, gelblich gefärbte Schaumzikade (*Philaenus spumarius*) tritt vor allem in den Monaten Juni und Juli an verschiedenen Gehölzen, Kräutern und Gräsern auf, auch an Rosen. Die hellen, grünlich gelben Tiere schützen sich mit einer dicken Schaumschicht, auch „Kuckucksspucke" oder „Kuckucksspeichel" genannt. Sie saugen an den Stängeln und führen zu mitunter starken Wuchsstockungen sowie Verkrüppelungen. Sie überwintern als Ei an der Rinde. Da sie aber nur vereinzelt auftreten, ist der Schaden in der Praxis meist gering.

Im Juni und Juli treten Schaumzikaden am häufigsten in Erscheinung.

Gegenmaßnahmen: Mit einem kräftigen Wasserstrahl können Sie einen Teil der Tiere abspülen. Insektizideinsatz wäre möglich, ist aber in der Regel nicht nötig.

Anmerkung: Im Mittelmeerraum tritt neuerdings ein sehr gefürchteter Schaderreger auf, der durch Zikaden verbreitet wird und unterschiedliche Wirtspflanzen (auch Rosen) befällt: das Feuerbakterium *Xylella fastidiosa*. Es ist in der EU als Quarantäneschaderreger eingestuft und hat Mitteleuropa noch nicht erreicht. Falls die Quarantänemaßnahmen allerdings versagen und es eingeschleppt würde, könnte aber die Wiesenschaumzikade als ein Hauptüberträger eine unrühmliche Bedeutung erlangen.

Blattwanzen

Blattwanzen (Unterordnung Heteroptera, meist Arten der Gattung *Lygus*) besitzen einen sehr breiten Wirtspflanzenkreis und können auch an Rosen Schäden anrichten. Die Wanzen saugen an sehr jungem Gewebe, Triebspitzen und jungen Blättern. Die Saugstellen reißen später ein und vergrößern sich. So entstehen löchrige, verkrüppelte Blätter oder verkrüppelte Triebspitzen.

Besonders gefürchtet sind Blattwanzen im Apfelanbau, da die jungen Früchte, an denen sie saugen, verkrüppelt weiterwachsen und später unverkäuflich sind. Bei Rosen sind die Schäden weniger schlimm, denn die beschädigten Blätter werden von neuen überwachsen.

Blattwanzen können an einem Rosenblatt erheblichen Schaden anrichten.

Die etwa 0,5–1 cm großen, bräunlichen oder grünlichen Tiere sind selten zu sehen und haben die Pflanzen meist schon verlassen, wenn die Symptome sichtbar werden. Daher werden häufig irrtümlich andere Ursachen für den Schaden vermutet. Vor allem die jungen Triebe im Mai/Juni werden befallen, danach besiedeln die Wanzen oft Gräser und Kräuter. Sie bilden meist zwei Generationen pro Jahr und überwintern als erwachsene Tiere.

Gegenmaßnahmen: Im Erwerbsanbau können zugelassene Insektizide eingesetzt werden, im Hausgarten ist das normalerweise nicht nötig.

Käfer

Käfer (Insekten der Ordnung Coleoptera) gibt es in ganz verschiedenen Größen. Vom winzigen Rapsglanzkäfer bis zum stattlichen Rosenkäfer sind sie in unterschiedlichsten Varianten an Rosen zu finden. An den Rosenwurzeln können Larven wie die Engerlinge des Maikäfers große Schäden anrichten.

Rapsglanzkäfer

Der Rapsglanzkäfer (*Meligethes aeneus*, Syn. *Brassicogethes aeneus*) ist ein nur 2 mm langer, dunkel bis schwarz gefärbter, metallisch glänzender Käfer, der normalerweise in den Blüten von Raps oder anderen Kreuzblütlern (Cruciferae, Syn. Brassicaceae) lebt und dort vor allem Staubgefäße und Stempel frisst. Bei Massenauftreten kann er deutliche Schäden hervorrufen. Im Frühjahr befallen die Käfer die Rapsblüten und legen dort auch ihre Eier ab. Die daraus geschlüpften Larven fressen Pollen, verpuppen sich im Boden und befallen als Käfer der nächsten Generation ab Juni erneut Blüten von Raps oder anderen Pflanzen. Im August ziehen sie sich zurück und suchen einen Platz in der Streuschicht auf dem Boden, um als erwachsenes Tier zu überwintern.

Ein Rapsglanzkäfer frisst an den Staub- und Fruchtblättern einer Rose.

Der Rapsglanzkäfer bevorzugt zwar Pflanzen aus der Familie der Kreuzblütler, er kann aber auch Rosen befallen, vor allem gelbe Sorten sind betroffen. Das passiert besonders nach einer Massenvermehrung und dann, wenn keine geeigneten Rapspflanzen mehr da sind, so dass die Rapsglanzkäfer von den Rapsfeldern abwandern müssen. Schlimmstenfalls können sie die Bildung von Früchten (Hagebutten) verhindern.

Gegenmaßnahmen: Bei Bedarf werden im Erwerbsanbau notfalls zugelassene bienenungefährliche Insektizide eingesetzt. Im Hausgarten und öffentlichen Grün ist eine Bekämpfung normalerweise nicht nötig.

Gemeiner oder Goldglänzender Rosenkäfer

Dieser große, 1,4–2 cm lange, auffällige, grünmetallisch glänzende Käfer (*Cetonia aurata*) frisst Pflaumen und andere Früchte, aber auch Rosenknospen und offene Blüten, besonders deren Staub- und Fruchtblätter. Er ist von April bis Oktober zu finden. Die bis zu 5 cm lange Larve (Engerling) ent-

Der Gemeine Rosenkäfer ist eine auffällige Erscheinung.

wickelt sich über 2–3 Jahre in faulem Holz oder Kompost. Da sie normalerweise keine Wurzeln oder anderen Pflanzenteile befällt, richtet sie keinen Schaden an.

Der Goldglänzende Rosenkäfer steht zwar nicht auf der Roten Liste der vom Aussterben bedrohten Tierarten, ist aber eine besonders geschützte Art gemäß Bundesnaturschutzgesetz. Daher ist die Bekämpfung verboten.

Gegenmaßnahmen sind selten nötig. Bei Bedarf können Sie die Käfer vorsichtig absammeln, besonders in den frühen Morgenstunden, wenn sie noch flugunfähig sind. Die Käfer setzen Sie dann an anderer Stelle aus, wo sie keinen Schaden anrichten.

Maikäfer

Die großen, 2–3 cm langen, schön geformten Maikäfer (*Melolontha melolontha* und *M. hippocastani*) treten, wie der Name schon sagt, im Mai und Juni auf und fressen an den Blättern von Laubgehölzen (Rosskastanien, Eichen, Ahorn, Obstbäumen und anderen). Sie sind dämmerungsaktiv und umschwirren an warmen Abenden gern Laternen.

Die Fraßschäden der Käfer können schon recht groß sein, aber noch gefährlicher sind die Schäden, die ihre Larven im Boden anrichten. Die großen, weiß gefärbten Engerlinge entwickeln sich über 3 Jahre zu ihrer endgültigen Größe von bis zu 6,5 cm und fressen in dieser Zeit an den Wurzeln von Gehölzen und anderen Pflanzen. Sie können Rosen durch ihre Fraßtätigkeit zum völligen Absterben bringen.

Ähnliche Larven, die mit bis zu 10 cm Länge noch etwas größer werden können als die Maikäfer-Engerlinge, leben im Kompost, in Laubhaufen, Holzhäcksel oder Streuschichten des Bodens und sind völlig harmlos. Dabei handelt es sich normalerweise um Larven des Nashornkäfers oder des Hirschkäfers, die von den Pilzen in verrottendem Material leben und schützenswert sind. Im Gegensatz dazu finden sich Maikäfer-Larven nur im durchwurzelten Boden und nie in Kompost.

Gegenmaßnahmen: Die großen Maikäfer können Sie absammeln, ihre Larven sind aber sehr schwer zu bekämpfen. Wirksame zugelassene Insektizide

Maikäfer sind besonders in der Dämmerung unterwegs.

gibt es nicht, und die Nematoden, die gegen Larven von Dickmaulrüsslern oder von Gartenlaubkäfern sehr effektiv sind, zeigen gegen Maikäfer-Engerlinge keine Wirkung. Im Erwerbsgartenbau werden Flächen, die von Engerlingen befallen sind, möglichst gerodet, gefräst und eine Vegetationsperiode lang nicht bepflanzt („schwarz gehalten"), damit die Engerlinge darauf verhungern. Im Obstbau werden gegen die schlüpfenden Käfer Netze ausgelegt, die sie am Fliegen und an der Paarung hindern und dadurch die erneute Eiablage verhindern sollen, so dass auch keine Engerlinge mehr auftreten.

Gartenlaubkäfer

Ein großer Übeltäter: Engerling des Maikäfers.

Der Gartenlaubkäfer, *Phyllopertha horticola*, (oder Kleiner Rosenkäfer, manchmal fälschlich Junikäfer genannt) ist mit dem Maikäfer verwandt, aber etwas kleiner und nur 8,5–11 mm lang. Er wird gelegentlich mit dem etwas größeren (14–18 mm) Junikäfer (Gerippter Brachkäfer, *Amphimallon solstitiale*, Syn. *Rhizotrogus solstitialis*) verwechselt, mit dem er ebenfalls eng verwandt ist.

Der Junikäfer hat etwa 3 cm lange Larven (Engerlinge), die an den feinen Wurzeln verschiedener Pflanzen fressen. Die Junikäfer nagen an den Blättern verschiedener Laubgehölze, richten aber meist keinen großen Schaden an.

Die mittelgroßen, braunen Gartenlaubkäfer treten Ende Mai bis Ende Juni auf, oft in Schwärmen und besonders bei Sonnenschein (den die Junikäfer meiden). Sie fressen neben Blättern verschiedener Laubbäume (Eiche, Hasel, Birke) vor allem Blüten und Knospen von Rosen, so dass ein Massenbefall zu erheblichen Schäden führen kann.

Ihre Larven verpuppen sich schon nach einem Jahr der Entwicklung im Mai und ähneln den Engerlingen des Maikäfers, sind aber mit bis zu 2 cm Länge bedeutend kleiner. Sie fressen ebenfalls an Pflanzenwurzeln, bleiben aber an den kleineren Wurzeln, so dass der Schaden durch sie an Rosen nicht so groß ist wie der durch die größeren Maikäfer-Engerlinge und meist toleriert werden kann. Vor allem fressen die Engerlinge des Gartenlaubkäfers an Wurzeln von Gräsern und Klee, daher treten besonders im Rasen große Schäden auf.

Vorbeugung: Um die Rosen bei starkem Auftreten vor den Käfern zu schützen und eine Eiablage sowie die daraus resultierenden Schäden im Rasen zu verringern, können Sie die Käfer absammeln oder anderweitig bekämpfen.

Gegenmaßnahmen: Gegen die Larven (im Rasen) können Sie Nematoden der Art *Heterorhabditis bacteriophora* einsetzen. Das Abfangen der Käfer mit Lockstofffallen hat nur eine geringe Wirkung. Insektizidbehandlungen gegen die Käfer werden nicht empfohlen, da nur ein kleiner Teil der Population getroffen wird und ein Teil der Eier schon abgelegt ist, bevor der Schwärmflug beginnt. Die Wirkung ist daher sehr begrenzt.

Blütenstecher

Der Blütenstecher (*Anthonomus rubi*) ist ein winzig kleiner, 2–4 mm langer, schwarzer Rüsselkäfer, der meist Himbeer- und Erdbeerpflanzen befällt und daher oft als Himbeer- oder Erdbeerblütenstecher bezeichnet wird. Außerdem macht er sich aber auch über die Blüten von Brombeeren, Rosen und anderen Pflanzen her. Er wird durch warmes, trockenes Wetter im Frühjahr gefördert.

Hier macht sich der Blütenstecher über eine Himbeerknospe her.

Der Blütenstecher kann erheblichen Schaden anrichten.

Die Käferweibchen legen nach der Paarung im Mai in die noch geschlosse-
nen Blüten je ein Ei. Jedes Weibchen belegt etwa 20–30 Blüten und beißt
dabei den Stängel durch. Die Blüten sterben dann ab und in den abgestorbenen Blüten entwickeln sich die Käferlarven, wo sie sich auch verpuppen.
Im Juli/August schlüpfen die Käfer und überwintern im Boden bis zum
nächsten Frühjahr. Bei starkem Befall können Blütenstecher für erhebliche
Verluste an Blüten sorgen.

Gegenmaßnahmen: Im Erwerbsanbau können kurz vor der Eiablage vorbeu-
gend Insektizide eingesetzt werden, im Hausgarten ist das nicht sinnvoll.
Hier können Sie die kleinen Käfer und die abgestorbenen Blüten mit den
Eiern und Larven absammeln und über den Biomüll entsorgen, um den
Befall im Folgejahr zu verringern.

Blattfressende Rüsselkäfer

Verwandte des winzigen Blütenste-
chers sind größere Rüsselkäfer, die
an Blättern und Trieben fressen.
Besonders der 5–7 mm lange Grünrüssler (*Phyllobius pyri*) und der
Graue Rüsselkäfer (*Peritelus griseus*)
befallen neben Obstbäumen auch
gelegentlich Rosen. Ihre schillernd
grüne bis bräunliche Farbe haben
die Käfer durch Schuppen und Haare
auf ihrem an sich schwarzen Chitin-
panzer.

Ein Grünrüssler
an einem Birnen-
zweig.

Die Käfer treten vor allem im spä-
ten Frühjahr und im Frühsommer ab etwa Juni an den jungen Trieben auf.
Im Sommer legen sie ihre Eier im Boden ab, wo die Larven von Pflanzenwurzeln vor allem von Kräutern und Gräsern leben und dort gewisse Schäden
anrichten können. Der Fraß führt aber im Gegensatz zu dem der Larven des
Gefurchten Dickmaulrüsslers nicht zum Tod der Pflanzen.

Gegenmaßnahmen: Im Erwerbsanbau können gegen die erwachsenen Käfer
geeignete Insektizide eingesetzt werden, im Hausgarten reicht ein Absammeln der Tiere aus.

Gefurchter Dickmaulrüssler

Ein weiterer Rüsselkäfer, allerdings ein besonders gefährlicher, ist der Gefurchte Dickmaulrüssler (*Otiorhynchus sulcatus*). Die relativ großen, etwa 10 mm langen, stumpfschwarzen Käfer fressen buchtenartige Einkerbungen in die Blattränder und sind nachtaktiv, so dass sie selten zu sehen sind. Im Spätsommer und Herbst, wenn die Nächte kalt werden, klettern sie manchmal durch Fensteröffnungen in den Wohnbereich und werden dort gefunden.

Gefurchte Dickmaulrüssler befallen ganz unterschiedliche Pflanzen. Von Eiben über Thuja, Rhododendron und Erdbeerpflanzen bis hin zu Alpenveilchen haben sie einen sehr breiten Wirtspflanzenkreis und machen auch vor Rosen nicht halt.

Die Fraßschäden durch die Käfer sind meist gering, aber der auffällige Buchtenfraß ist ein Hinweis darauf, dass Gefahr im Verzug ist, denn die Tiere legen ihre zahlreichen Eier in den Wurzelbereich der Pflanzen. Aus den Eiern schlüpfen kleine, C-förmig gekrümmte Larven, die von der Form her an die wesentlich größeren Engerlinge erinnern, aber keine Beine haben. Zunächst nagen sie an den kleineren Wurzeln. Wenn sie größer (bis etwa 10 mm lang) werden, fressen sie aber die Rinde von stärkeren Wurzeln und des Wurzelhalses auf. Dadurch können Rosen absterben. Auch wenn der Wurzelhals völlig von seiner Rinde befreit ist, treiben die Pflanzen im April/Mai oft normal aus und sterben erst ab, wenn im Juni Pilze durch die Wunden im Wurzelhals eindringen und bis in die Leitgefäße im Xylem wandern. Zu diesem Zeitpunkt sind dann keine Larven mehr zu finden, da sie sich schon verpuppt haben und als Käfer geschlüpft sind.

Leider ist der Gefurchte Dickmaulrüssler schwer zu bekämpfen.

Gegenmaßnahmen: Die Käfer sind schwer zu bekämpfen, auch die für den Erwerbsanbau zugelassenen Insektizide zeigen nur eine begrenzte Wirkung. Im Hausgarten können Sie die Käfer nachts absammeln.

Gegen die Larven setzen Sie am besten Fadenwürmer (Nematoden) ein, die bei fachgerechter Anwendung eine sehr gute Wirkung zeigen. Der beste Anwendungszeitraum ist von Mitte/Ende September (bei warmem

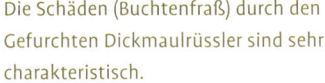
Die Schäden (Buchtenfraß) durch den Gefurchten Dickmaulrüssler sind sehr charakteristisch.

Wetter auch noch Anfang Oktober), wenn der Boden noch warm ist (Temperaturen deutlich über 12 °C) und die Larven noch jung sind.

Die Nematoden können nicht lange gelagert werden, daher bestellt man sie zur gegebenen Zeit und bekommt sie per Post geliefert. Sie werden entsprechend der Gebrauchsanweisung in Wasser aufgeschwemmt und gegossen. Der Boden sollte feucht, aber nicht staunass sein. Da die Tiere empfindlich gegen UV-Licht sind, müssen sie bei bedecktem Wetter oder abends ausgebracht werden. Wenn die Tagestemperaturen auf Maxima unter 15 °C absinken, lässt die Wirkung deutlich nach und bei Maxima unter 12 °C ist der Einsatz nicht mehr sinnvoll. Im Winter können die Larven daher nicht bekämpft werden.

Im kommenden Frühjahr, wenn die Temperaturen wieder ansteigen, ist ein Einsatz von Nematoden zwar grundsätzlich durchführbar, allerdings sind die zu diesem Zeitpunkt meist schon großen Larven, wenn sie kurz vor der Verpuppung stehen oder sich gar schon in der Verpuppung befinden, weniger empfindlich gegen die Nematoden. Und außerdem ist dann der Fraßschaden oft schon geschehen, auch wenn die Pflanzen noch gesund aussehen.

Gegen die gefräßigen Larven des Gefurchten Dickmaulrüsslers setzt man Nematoden ein.

Wespen und andere Hautflügler

Zur Ordnung der Hautflügler (Hymenoptera) gehören neben Bienen auch verschiedene Arten von Wespen. Besonders die Gallwespen und die Blattwespen mit ihren raupenähnlichen Larven (Afterraupen) spielen eine große Rolle.

Gall- und Blattwespen im Vergleich

Gallwespen (Familie Cynipidae) sind meist winzig kleine, schwarz gefärbte, geflügelte Tiere von 1–3 mm Länge. Sie legen ihre Eier ins Pflanzengewebe, wo infolge des Einstiches Gewebewucherungen (Gallen, Galläpfel) ausgelöst werden. In den Wucherungen können sich die meist weißen, beinlosen, mit einer farblosen Kopfkapsel versehenen Larven dann geschützt entwickeln und von ihnen ernähren sie sich auch. Diese Gallen haben oft eine sehr interessante, spezifische Form, durch die sich die Gallwespenart bestimmen lässt.

Blattwespen (Familie Tenthredinidae) sind deutlich größer als Gallwespen, etwa 2–20 mm lang und unterschiedlich gefärbt, oft schwarz oder braun. Die Larven vieler Arten sind von ihrer Körperform her leicht mit Schmetterlingsraupen zu verwechseln.

Das spielt besonders bei der Bekämpfung eine wichtige Rolle, denn Schmetterlingsraupen lassen sich erfolgreich mit Produkten auf Basis von *Bacillus thuringiensis* kontrollieren. Einige Insektizide wie Dipel ES oder Xentari enthalten das Toxin dieses Bakteriums und sind besonders umweltschonend, da sie nur gegen Schmetterlinge wirken und für alle anderen Insekten sowie die übrigen Lebewesen unschädlich sind. Außerdem bauen sie sich in der Umwelt sehr schnell ab. Da die Larven der Blattwespen mit Schmetterlingen nicht verwandt sind, wirken die *Bacillus-thuringiensis*-Insektizide aber nicht gegen diese Tiere.

Man sollte also genau wissen, ob man es mit Schmetterlingsraupen zu tun hat oder mit den Larven von Blattwespen. Letztere werden als Afterraupen bezeichnet und besitzen im Gegensatz zu Schmetterlingsraupen insgesamt mindestens 8 Beinpaare (3 echte Beinpaare und mindestens 5 „Bauchbein"paare), Schmetterlingsraupen dagegen 4–7 Beinpaare. Außerdem fallen die Afterraupen oft in eine S-förmige „Schreckstellung", wenn sie gestört werden. Nur die Larven der minierenden Blattwespenarten sind beinlos.

Gemeine Rosengallwespe

Die Gemeine Rosengallwespe (*Diplolepis rosae*) tritt überwiegend an Wildrosen und seltener an Edelrosen auf, wo sie die Bildung behaarter Galläpfel verursacht. Sie legt ihre Eier zwischen die Schuppen von Blatt- und Blütenknospen sowie in junge Triebe. Die daraus schlüpfende Larve regt den Zweig zur Bildung einer auffälligen, bis zu 10 cm großen, moosartig behaarten Galle an, die zunächst grünlich bis rötlich gefärbt ist. Mit der Zeit verholzt die Galle und wird dann braun.

Die 5–6 mm langen Larven leben in mehreren Kammern im Zentrum der Galle, jede in einem eigenen, glattwandigen Raum. Oberhalb der Galle stirbt der Trieb meist ab. Die Gallen werden auch „Schlafäpfel" genannt, da die Volksmedizin glaubte, sie fördere den Schlaf, wenn man sie unters Kopfkissen legt.

Die Larven überwintern in der Galle und verpuppen sich im Frühjahr. Die etwa 4 mm kleinen Wespen schlüpfen im Frühjahr und Sommer (Mai bis August) und sind meist parthenogenetisch (Parthenogenese = Jungfernzeugung) mit einem sehr geringen Anteil von Männchen. Pflanzen unter Stress werden verstärkt befallen. Vertrocknete Gallen können noch 2–3 Jahre lang an den Trieben hängen bleiben.

Gegenmaßnahmen: Entfernen Sie die Gallen bei Bedarf vor der Verpuppung der Gallwespenlarven und entsorgen Sie sie über den Biomüll.

Gallen durch Befall der Gemeinen Rosengallwespe. Auf dem linken Bild sind nach Schnitt die Kammern zu erkennen, in denen sich die Larven befanden.

Andere Rosengallwespen

Manchmal entstehen auf den Blattunterseiten etwa 3–8 mm große, kugelförmige Gallen der Rosengallwespen-Arten *Diplolepis nervosa* und *D. eglanteriae*, in deren Mitte sich jeweils eine einzige, kleine Kammer mit einer
winzigen Larve befindet. Im Gegensatz zu den etwas größeren Gallen der
Gemeinen Rosengallwespe (*Diplolepis rosae*) sind die Gallen dieser beiden
Gallwespenarten nicht behaart. Die von *D. eglanteriae* sind mehr oder weniger glattwandig und die von *D. nervosa* mit vielen dornenartigen Ausstülpungen versehen.

Der Schaden durch die Gallen ist für die Pflanze normalerweise gering, so
dass er toleriert werden kann. Bei sehr starkem Befall kann allerdings das
Wachstum leiden.

D. nervosa und *D. eglanteriae* bevorzugen genau wie die Gemeine Rosengallwespe (*D. rosae*) vor allem Wildrosen. Neben Blättern werden gelegentlich auch andere Pflanzenteile befallen.

Relativ große, kartoffelförmige Gallen, die manchmal zusammengeknäult
sitzen, mehr oder weniger mit stachelförmigen Ausstülpungen besetzt sind
und mehrere Kammern haben, verursacht die Gallwespe *D. mayri*.

Gegenmaßnahmen: Im Hausgarten sind normalerweise keine Gegenmaßnahmen nötig, bei Bedarf können Sie die Gallen aber abzupfen und über
den Biomüll entsorgen.

Kugelförmige
Gallen durch die
Rosengallwespe
*Diplolepis eglan-
teriae.*

Gallen durch die Rosengallwespe
Diplolepis nervosa.

Rosenbürstenhorn-wespe

Die auffällig gefärbten Larven (Afterraupen) dieser Blattwespenart (*Arge rosae,* Syn. *A. ochropus*) fressen an Blättern verschiedener Rosenarten und können Kahlfraß verursachen. Sie sind 2–3 cm lang, auffällig weißlich bis orangebraun gefärbt und mit schwarzen Punkten besetzt. Sie sitzen gesellig an den Blatträndern und fressen diese von außen bis zur Mittelrippe kahl. Bei Gefahr fallen sie durch ihre S-förmige Schreckstellung auf.

Die Larven der Bürstenhorn-wespen sind auffällig gefärbt.

Die erwachsenen Tiere leben von Blüten verschiedener Pflanzen, vor allem aus der Familie der Doldenblütler (Apiaceae, Syn. Umbelliferae) und legen ihre Eier in junge, zarte Rosentriebe. Die Einstichstellen verfärben sich bräunlich und die Rosentriebe krümmen sich auf der Einstichseite.

Rosenbürstenhornwespen bilden ein bis zwei Generationen pro Jahr und überwintern im Boden, wo sie sich verpuppen.

Gegenmaßnahmen: Die durch die Eiablage gekrümmten Stiele können Sie sofort entfernen. Sind Afterraupen sichtbar, können Sie sie absammeln. Im Erwerbsanbau ist der Einsatz zugelassener Insektizide sinnvoll.

Die Larven der Weißgegürtelten Rosenblattwespe sind gut getarnt.

Weißgegürtelte Rosenblattwespe

Die Larven (Afterraupen) der Weiß-gegürtelten Rosenblattwespe oder Rosensägewespe (*Allantus cinctus,* Syn. *Emphytus cinctus*) halten sich mit Vorliebe auf den Blattoberseiten auf und fressen dort Löcher ins Blattgewebe. Später, wenn sie größer geworden sind, fressen sie halbkreisförmige Löcher in den Blattrand, die mit den Fraßschäden von Tapezierbienen verwechselt werden

können. Bei Massenauftreten können die Pflanzen stark geschwächt werden. Die Verpuppung findet häufig im Mark von Schnittstellen statt.

Die etwa 15 mm langen, grünen Larven mit hellgrünem Bauch und orangebraunem Kopf sowie stachelartigen, weißen Beulen auf dem Rücken treten ab Mai/Juni auf, im Juli/August folgt eine zweite Generation. Die Überwinterung erfolgt als Puppe im Holz (z. B. Zapfen) oder Boden.

Vorbeugung: Lassen Sie beim Schnitt keine Zapfen stehen, damit die Larven keine geeigneten Orte zur Verpuppung finden.

Gegenmaßnahmen: Sammeln Sie bei Bedarf im Hausgarten die Larven ab. Im Erwerbsanbau ist der Einsatz zugelassener Insektizide sinnvoll.

In einem Zapfen hat sich die Larve der Weißgegürtelten Rosenblattwespe verpuppt

Andere Rosenblattwespen

Die 10–15 mm langen, blassgrünen, schneckenähnlichen Larven (Afterraupen) der Blattwespe *Caliroa aethiops* (Syn. *Endelomyia aethiops*) sitzen auf den Blattspreiten und fressen zunächst „Fenster" in die Blätter ihrer Wirtspflanzen, also nur die obersten und mittleren Zellschichten des Blattes. Die untersten Schichten bleiben wie ein Fenster stehen. Wenn die Larven größer werden, fressen sie auch die unteren Schichten, so dass Löcher in den Blättern entstehen.

Die erwachsenen, 5 mm langen Blattwespen sind schwarz gefärbt, vermehren sich parthenogenetisch und legen ab Mai ihre Eier. Von Ende Juni bis August fressen die Larven an den Blättern und wandern im Herbst in den Boden, wo sie in einem Kokon überwintern. Im Frühjahr verpuppen sie sich dort und anschließend erscheinen die erwachsenen Tiere.

Auf frischer Tat ertappt: Fraßschäden und Afterraupe der Rosenblattwespe *Caliroa aethiops*.

Der Schaden kann ein erhebliches Ausmaß annehmen und die Pflanzen sehr schwächen. Rosen mit glatten, glänzenden und gekräuselten Blättern sollen meist gemieden werden.

Außer der beschriebenen *Caliroa aethiops* treten die relativ ähnlich aussehenden Blattwespenarten *Arge pagana* und *Cladius difformis* (Syn. *Cladius pectiniformis*) an Rosen auf.

Gegenmaßnahmen: Sammeln Sie bei Befall die Raupen ab. Notfalls können Sie zugelassene Insektizide einsetzen.

Rosenblattrollwespe

Die nur etwa 5 mm lange Wespe *Blennocampa pusilla* legt ihre Eier an Rosenblätter ab. Die Einstiche bei der Eiablage veranlassen die Blätter, sich nach innen zu rollen, wo die bis 10 mm langen Larven sich im Schutz der Blätter entwickeln können. Aus den Eiern schlüpfen allerdings nicht immer Larven, daher sind in den eingerollten Blättern manchmal keine Tiere zu finden. Im Juli oder August verlassen die Afterraupen ihr Versteck und verpuppen sich im Boden. Dort schlüpft im Mai oder Juni des Folgejahres die nächste Generation erwachsener Blattwespen.

Durch das Einrollen ist die Assimilationsleistung der Blätter stark eingeschränkt. Außerdem sind Rosen mit eingerollten Blättern unansehnlich.

Vorbeugung: Die Sortenwahl ist entscheidend – gelb blühende Sorten sind besonders betroffen.

Gegenmaßnahmen: Sie können die eingerollten Blätter vor der Verpuppung der Larven einsammeln und über die Biotonne entsorgen. Auch eine Bodenbearbeitung im Winter oder frühen Frühjahr soll eine gewisse Wirkung gegen die zu dieser Zeit dort befindlichen Puppen der Blattwespe entfalten. Im Erwerbsanbau werden notfalls zugelassene Insektizide vor dem Einrollen der Blätter eingesetzt.

Rosenblattrollwespen machen ihrem Namen alle Ehre: eingerollte Blätter.

So sieht die Afterraupe der Rosenblattrollwespe aus.

Rosentriebbohrer

Die Larven der zu den Blattwespen gehörenden Rosentriebbohrer *Ardis brunniventris* und *Monophadnus elongatus* (syn. *Blennocampa elongatula*), die auch als Röhrenwürmer bezeichnet werden, befallen vor allem Teehybriden und andere dicktriebige Rosensorten.

Die Larven des Abwärtssteigenden Rosentriebbohrers (*Ardis brunniventris*) bohren sich von oben nach unten und die des Aufwärtssteigenden Rosen-

triebbohrers (*Monophadnus elongatus*) umgekehrt von unten nach oben in den Trieb. Befallene Triebe welken und sterben ab.

Es tritt nur eine Generation pro Jahr auf, die bis Ende Juli die Pflanzen verlässt, dann im Boden überwintert und sich dort im folgenden April verpuppt.

Gegenmaßnahmen: Sie können befallene (welkende) Triebe rechtzeitig, also bevor die Raupen sie verlassen, bis ins gesunde Holz zurückschneiden und über den Biomüll entsorgen. Bei Bedarf (vor allem im Erwerbsanbau) ist ein vorbeugender Einsatz von Insektiziden zur Eiablage möglich.

Diese Larve des Abwärtsbohrenden Rosentriebbohrers ist auf dem Weg zur Überwinterung im Boden.

Tapezierbiene

Die dunkel gefärbten, mit etwa 1 cm Länge im Vergleich zur Honigbiene etwas kleineren Tapezierbienen (*Megachile centuncularis*), die auch als Blattschneider- oder Rosenbienen bezeichnet werden, schneiden halbrunde, große Teile mit bis zu 1 cm Durchmesser aus den Blättern von Rosen oder von verschiedenen anderen Laubgehölzen sowie von Kräutern aus und verwenden diese zum Nestbau. Ihre Nester legen sie in Hohlräumen an und „tapezieren" sie dann mit den Blattstücken. In jedes Nest legen sie ein Ei, das sie mit einem Pollenvorrat versorgen und dann verschließen. Die Larven bilden darin einen Kokon und überwintern dort. Im folgenden Frühjahr schlüpfen sie und bilden die nächste Generation.

Der Schaden, der durch das Ausschneiden der Teile aus den Blättern entsteht, ist vom Symptom her schwer von dem durch die Weißgegürtelten Blattwespe (*Allantus cinctus*) zu unterscheiden, aber meist geringer und normalerweise unbedeutend. Nur bei sehr starkem Auftreten leiden die Pflanzen unter Schäden.

Tapezierbienen sind wichtige Bestäuber vieler Gartenpflanzen.

Gegenmaßnahme: Keine, denn Tapezierbienen sind geschützt.

Tapezierbienen schneiden charakteristische Blatteinbuchtungen in die Blätter.

Schmetterlinge

Schmetterlinge (Ordnung Lepidoptera) können groß und ansehnlich sein, wie Schwalbenschwanz und Pfauenauge, die meisten aber sind kleiner bis winzig und unscheinbar. Ihre Larven (Raupen) können erhebliche Schäden an Rosen hervorrufen.

Goldgelber Rosentriebwickler

Die etwa 10 mm langen, hell gefärbten und mit einer schwarzen Kopfkapsel versehenen Raupen des Rosentriebwicklers oder Gartenrosenwicklers (*Croesia bergmanniana*) spinnen sich ab April zwischen jungen Blättern und Blütenknospen ein und fressen sie. Dort verpuppen sie sich auch und werden im Juni und Juli zu kleinen, gelblich gefärbten Schmetterlingen mit einer Flügelspannweite von 12–15 mm, die ihre Eier an die Triebe der Rosen legen. Dort überwintern die Tiere im Ei, bis im folgenden Frühjahr die nächste Generation schlüpft.

Gegenmaßnahmen: Zerdrücken Sie eingesponnene Raupen oder sammeln Sie sie mit dem Gespinst ab und entsorgen sie über den Biomüll. Im Erwerbsgartenbau werden die Tiere bei Bedarf zum Zeitpunkt der Eiablage mit zugelassenen Insektiziden bekämpft.

Auf einem zusammengesponnenen Blatt sitzt die Larve des Rosentriebwicklers

Brauner Rosenwickler

Die Raupen des Heckenwicklers (*Cacoecia rosana*, Syn. *Archips rosana*), der auch Brauner Rosenwickler genannt wird, fressen an jungen Trieben und Blättern und können dadurch einen gewissen Schaden verursachen. Die zunächst verhältnismäßig kleinen, später bis 22 mm langen, grünlichbräunlichen Raupen schlüpfen je nach Witterung meist im April, sitzen oft nestartig zusammen und können Blätter zusammenspinnen. An den Blättern verpuppen sie sich auch. Von Juli bis Anfang September schlüpfen dann die braun gefärbten Falter mit etwa 15–20 mm Flügelspannweite und legen ihre Eier an die Rinde der Wirtspflanzen ab, aus denen im folgenden Frühjahr die Raupen der nächsten Generation schlüpfen. Die Rosenwickler

Vom Braunen Rosenwickler befallener Trieb mit Fraßschaden.

fressen nicht nur die Blätter von Rosen, sondern auch die von Apfel- und Kirschbäumen.

Gegenmaßnahmen: Der Schaden ist meist gering. Im Erwerbsanbau können zum Schlupf der Raupen Insektizide eingesetzt werden, im Hausgarten werden die Raupen abgesammelt und über den Biomüll entsorgt.

Kleiner Frostspanner

Der Kleine Frostspanner (*Operophtera brumata*) tritt häufig an Obstbäumen und an Ziergehölzen aus der Familie der Rosengewächse auf, auch Rosen aller Klassen sowie Ahorn, Linde und Gehölze aus anderen Pflanzenfamilien gehören zu den Wirtspflanzen.

Die jungen, zunächst gelblichen und später bräunlichen bis grünen Raupen sind durch einen schmalen, weißen Längsstreifen an jeder Seite und

Raupe des Kleinen Frostspanners an einem Apfelzweig.

durch ihre „buckelnde" Fortbewegung der Spannerraupen gekennzeichnet. Sie fressen vornehmlich im April/Mai am Neuaustrieb zunächst unregelmäßige „Scharten" oder Löcher. Bei starkem Befall können die Pflanzen erheblich geschädigt werden. Die bis zu 25 mm langen Raupen verpuppen sich im Boden, und die Schmetterlinge schlüpfen im Herbst, daher der Name Frostspanner. Die flugunfähigen Weibchen klettern an den Wirtspflanzen noch und legen dort ihre Eier ab, die auf den Zweigen überwintern. Im April schlüpfen dann die jungen Raupen.

Gegenmaßnahmen: Auf kleinen Flächen (Hausgarten) können Sie die Raupen absammeln, im Erwerbsanbau werden bei Bedarf zugelassene Insektizide eingesetzt. An Obstbäumen können Sie ab Ende September Leimringe gegen die flugunfähigen Weibchen anbringen, die dann im Winter entfernt werden. Das ist an den mehrtriebigen Rosen leider kaum umsetzbar.

Miniermotten

Mehrere Kleinschmetterlingsarten wie *Stigmella* (Syn. *Nepticula*) *anomalella* oder *Stigmella centifoliella* aus der Familie der Zwergmotten (Nepticulidae) leben an Rosen. Sie haben nur 5–6 mm Spannweite. Ihre winzigen, 5 mm langen Raupen fressen Gänge („Minen") in den Blättern, die eine auffällige Zeichnung auf den Blättern ergeben. Der Fraß kann zu Blattfall führen und die Pflanzen bei starkem Befall sehr schwächen.

Miniermottenbefall in einem Rosenblatt.

Die zwei Generationen der Falter fliegen im Mai und im August, ihre Eier legen sie in der Nähe der Mittelrippen voll entwickelter Blätter ab. Die ausgewachsenen Raupen verpuppen sich in bräunlichen Kokons am Blattstiel, an einem Blatt oder in der Achsel zwischen zwei Trieben, wo sie auch überwintern. Ähnliche Minierraupen verwandter Arten gibt es auch an Eichen, Birken und manchen anderen Gehölzen.

Gegenmaßnahmen: Befallene Blätter sollten Sie frühzeitig entfernen, bevor die Larven sich verpuppen, und über den Biomüll entsorgen. Im Erwerbsanbau werden bei Bedarf zugelassene Insektizide eingesetzt.

Eulenraupen

Die Raupen der Eulenfalter sind meist nachtaktiv, hier die Raupe der polyphagen Achateule, *Phlogophora meticulosa*.

Die Eulenfalter (Noctuidae) sind eine Familie von Schmetterlingen, die meist in der Dämmerung aktiv sind. Daher stammt auch ihr Name.

Die Schmetterlinge sind meist unauffällig braun gefärbt, von gedrungenem Körperbau und mittelgroß. Ihre Raupen sind oft schmutzig grün oder braun gefärbt, manchmal aber auch leuchtend hellgrün. Sie sind meist relativ dick und plump, bis 5 cm lang und oft mit einem Streifen an der Seite versehen.

Es gibt eine große Zahl verschiedener Eulenfalter, deren Raupen oft polyphag sind, also ein breites Spektrum unterschiedlicher Pflanzen befallen können. Neben vielen anderen Gehölzen und Kräutern gehören auch Rosen zu den Wirtspflanzen mehrerer Arten von Eulenfaltern. Die Raupen sind meist nachtaktiv und können an den Pflanzen hochklettern, an denen sie gern die Blütenblätter fressen. Sie richten an Rosen selten einen großen Schaden an.

Gegenmaßnahmen: Meist reicht Absammeln in den Abendstunden.

Mücken und Fliegen

Zur Ordnung der Zweiflügler (Diptera) gehören die Mücken und Fliegen. An Rosen spielen die sehr kleinen Gattungen der Gallmücken eine wichtige Rolle.

Blinde Rosentriebe durch Gallmücken

Verschiedene Arten von Gallmücken wie *Contarinia* aus der Familie der Cecidomyiidae können die Bildung von Blütenknospen an der Triebspitze stören, so dass „blinde" Triebe ohne Blüten entstehen. Die Gallmücken treten vorwiegend im Frühsommer von Mai bis Juli auf und sind sehr unscheinbar. Sie stechen die Triebspitze an und legen dort Eier, aus denen sich wenige Millimeter lange, kaum sichtbare, weißliche Larven entwickeln. Die Larven schädigen den Vegetationskegel, der sein Wachstum einstellt, ohne eine Blüte zu bilden. Weiter unten am Trieb sitzende Knospen treiben dann aus, entwickeln aber häufig auch kein attraktives Wachstum.

„Blinde" Rosentriebe können durch den Befall mit Gallmücken entstehen.

Blinde Rosentriebe sind allerdings nicht immer das Resultat von Gallmückenbefall, auch Witterungsbedingungen können die Ursache sein (siehe Seite 66)

Gegenmaßnahmen: Der Einsatz von zugelassenen Insektiziden ist kompliziert, da viele Produkte schlecht gegen die geschützt sitzenden Larven wirken und der Einsatzzeitpunkt genau gewählt werden muss. Er ist daher nur im Erwerbsanbau sinnvoll.

Im Hausgarten sollten keine Insektizide eingesetzt werden. In frühem Stadium können die befallenen Triebspitzen in der Regel mit 2 darunter liegenden Laubblättern abgeschnitten und über den Biomüll entsorgt werden, bevor die Larven sich fallen lassen und im Boden verpuppen.

Okuliermade

Die Okuliermade ist die Larve einer Gallmücke (*Clinodiplosis oculiperda*, Syn. *Resseliella oculiperda*), die ihre Eier an Rosenknospen legt, bevorzugt an frisch veredelte Knospen (Augen). Wenn die Knospe freiliegt, zum Beispiel weil sie mit Bast oder Gummiband verbunden wurde, frisst die etwa 2–3 mm lange, rötliche Larve unter dem Rindenschild der Knospe und zerstört sie dabei normalerweise. Wird die Knospe nach dem Veredeln zum Beispiel mit einem Okulationsschnellverschluss (OSV) bedeckt, besteht keine Gefahr.

Gallmückenlarven leben auch in anderen Pflanzenteilen von Rosen, richten dort aber kaum Schaden an.

Die Mücken fliegen in drei Generationen von Ende Mai bis Anfang September. Die Larven verpuppen sich im Boden und die letzte Generation überwintert dort.

Okuliermaden, hier hinter der Rinde einer Rose, sind auffällig rot gefärbt.

Vorbeugung: Beim Veredeln sollten die eingesetzten Augen (Knospen) mit OSV verbunden werden oder man verstreicht bei Verwendung von Bast die Veredlungsstelle mit Baumwachs und häufelt die veredelten Rosen rechtzeitig mit Erde an.

Hagebuttenfliege und -wickler

Die Hagebuttenfliege (*Zonosema alternata*, Syn. *Spilographa alternata*) tritt vor allem bei größeren Beständen von Hagebutten tragenden Strauchrosen auf, häufig gemeinsam mit dem Hagebuttenwickler (*Grapholita roseticolana*, Syn. *Grapholitha roseticolana*). Beide legen ihre Eier in die unreifen Früchte ab, die Larve ernährt sich dann vom Fruchtfleisch. Selten werden unreife Samen angefressen. Im September verlassen die Larven die Früchte und verpuppen sich im Boden (Hagebuttenfliege) oder unter der Rinde. Die befallenen Früchte entwickeln sich nicht und werden früh notreif. Sie können fleckig werden und faulen. Ein weiterer Schädling, der Hagebutten befällt, ist die Hagebuttensamenwespe (*Megastigmus aculeatus*), die die noch jungen Samen frisst.

Gegenmaßnahmen: Pflücken Sie befallene, faulige Früchte und entsorgen Sie sie über die Biotonne.

Links: Larven der Hagebuttenfliege beim Durchbrechen der Fruchtschale.
Rechts: Befallssymptom (helle, eingefallene Fruchtschale) an einer Frucht.

Kirschessigfliege

Die Kirschessigfliege (*Drosophila suzukii*) lebt von den Früchten verschiedener Weichobstarten (Himbeeren, Brombeeren, Blaubeeren, Kirschen, Weintrauben), aber auch Hagebutten, Holunderbeeren, Kornelkirschen und andere heimische Wildobstarten werden befallen. Anders als andere Fruchtfliegen können Kirschessigfliegen ihre Eier durch die Schale von Früchten hindurchlegen und sind nicht auf Verletzungen angewiesen. Die bis 3 mm langen, kopflosen, weißen Maden fressen das reife Fruchtfleisch und verbreiten pilzliche Fäuleerreger. Sie überwintern als erwachsene Tiere und werden durch kaltes Winterwetter stark dezimiert.

Vorbeugung: Pflücken und sammeln Sie befallene Früchte, werfen Sie sie aber nicht direkt in die Biotonne oder auf den Kompost, sonst verpuppen sich die Maden dort. Besser töten Sie die Larven vorher ab, indem Sie sie in einer Tüte einfrieren.

Gegenmaßnahmen: Im Erwerbsanbau können in Mutterpflanzenquartieren zugelassene Insektizide eingesetzt werden, im Hausgarten ist das meist nicht sinnvoll. Über Fallen können Sie aber den Befall kontrollieren.

Links: Kirschessigfliege an einer Himbeere. Rechts: Larven der Kirschessigfliege in einer Himbeere.

Säugetiere

Außer den Insekten und anderen kleinen Tieren können auch Säugetiere erheblichen Schaden an Rosen anrichten: Rehe oder Wühlmäuse machen so manchem Gartenbesitzer das Leben schwer.

Schermaus

Die zu den Wühlmäusen gehörenden Schermäuse (*Arvicola terrestris*) fressen Wurzeln und Knollen verschiedenster Pflanzenarten, auch Rosen können ihnen zum Opfer fallen. Bei starkem Fraß welken die Pflanzen, sterben ab und können ohne Kraftaufwand aus dem Boden gezogen werden. Die Nageschäden an den Wurzeln sind dann deutlich sichtbar, sie sehen oft aus wie angespitzte Bleistifte.

Die (ohne Schwanz gemessen) etwa 13–24 cm langen Tiere sind selten zu sehen, haben einen kürzeren Schwanz und kleinere Ohren als die meisten anderen Mäusearten und leben in Gängen im Boden, die von Maulwurfsgängen nur schwer zu unterscheiden sind. Die Gänge von Wühlmäusen sind eher hoch als breit, laufen flach unter der Erdoberfläche und werden innerhalb von 6 Stunden verschlossen, wenn man sie geöffnet hat. Maulwürfe dagegen graben breitere und tiefere Gänge mit größeren Haufen und verschließen sie nicht unbedingt. Im Gegensatz zu Schermäusen stehen Maulwürfe unter Schutz und dürfen nicht getötet werden.

Fraßschaden an den Wurzeln durch eine Schermaus.

Vorbeugung: Meiden Sie Standorte mit starkem Druck von Schermäusen, zum Beispiel von benachbarten Wiesen. Kontrollieren Sie die Flächen regelmäßige auf Schermausgänge.

Gegenmaßnahmen: Sobald Schermäuse auftreten, fangen Sie sie mit Fallen. Halten Sie Katzen und fördern Sie Raubvögel, zum Beispiel durch das Aufstellen von Sitzstangen. Einzelpflanzen zum Beispiel Strauch- oder Kletterrosen können Sie in Drahtkörbe pflanzen, wie es sich bei Obstbäumen bewährt hat. Bei Beeten ist das allerdings nicht umsetzbar.

Fraßschaden durch Wild und Feldmäuse

Rehe und andere Wildtiere können großen Schaden an Rosen anrichten. Besonders die Blütenknospen werden von Rehen geliebt, manchmal suchen sie sich einzelne Sorten in Rosenquartieren aus, die ihnen besonders gut schmecken und lassen andere stehen. Aber auch junge Triebe verschmähen sie nicht.

Feldmäuse können erhebliche Schäden verursachen, wenn sie – vor allem bei Futterknappheit im Winter – die Zweige oder ihre Rinde annagen.

Vorbeugung: Gegen größere Tiere wie Rehe und Hasen hilft eine lückenlose Umzäunung sehr gut. Vergrämungsmittel können die Tiere zwar abschrecken, aber wenn ihr Hunger groß ist, reicht die Wirkung nicht immer aus. Zur Vorbeugung gegen das Einnisten von Feldmäusen vermeiden Sie, ihnen Überwinterungsmöglichkeiten zu schaffen. Legen Sie deshalb Winterschutz aus Stroh, Reisig etc. erst spät an, wenn die Tiere schon andere Überwinterungsquartiere gefunden haben.

Gegenmaßnahmen: Nach dem Auftreten von Fraßschäden führen sie einen entsprechenden Rückschnitt durch, wie er beim Sommer- oder Winterschnitt üblich ist. Frische Rindenschäden an größeren Pflanzen sollten Sie sofort mit Wundverschlussmitteln verstreichen, damit das geschädigte Gewebe nicht austrocknet, sondern schnell verheilt. Einige Tage nachdem der Fraßschaden geschehen ist, nutzt das Verstreichen nichts mehr!

Wildverbiss an jungen Rosentrieben.

Service

Auf den folgenden Seiten finden Sie nützliche Informationen zu gesunden Rosensorten sowie Literatur und Internetadressen.

Widerstandsfähige Sorten

Die Grundvoraussetzung für jedes erfolgreiche Gärtnern ist die Wahl widerstandsfähiger Pflanzensorten. Bei den Rosen haben Züchtungserfolge der letzten Jahrzehnte erhebliche Fortschritte in der Widerstandsfähigkeit gegenüber Krankheiten gebracht.

Prüfung neuer Sorten

Die Züchtung widerstandsfähiger Rosensorten macht Fortschritte. Objektiv und unabhängig verglichen werden die neuen Sorten in der Allgemeinen Rosenneuheitenprüfung (ADR). Mit dem ADR-Prädikat werden schließlich diejenigen Rosenneuheiten ausgezeichnet, die sich in der 3 Jahre dauernden Rosenneuheitenprüfung als besonders widerstandsfähig und blühfreudig erwiesen haben.

Diese Qualitätsprüfung wurde 1950 von deutschen Rosenzüchtern geschaffen, um die Eigenschaften neuer Rosensorten beurteilen zu können. In der ADR-Prüfung werden der Gartenwert und die Widerstandsfähigkeit einer Rosensorte ohne jeglichen Pflanzenschutz bewertet. Eigenschaften wie Blattgesundheit, Blühverhalten, Winterhärte und das Zusammenspiel daraus werden an 11 Standorten und über 3 Jahre erfasst.

Die ADR ist ein Arbeitskreis aus Bund deutscher Baumschulen e. V. (BdB), Rosenzüchtern und unabhängigen Prüfungsgärten. Die Koordinierung der ADR erfolgt durch das Bundessortenamt. Das ADR-Prüfsystem ist für Züchter und Verbraucher ein objektives Kriterium zur Beurteilung und Auswahl von attraktiven Rosenneuheiten. Züchtungsfortschritt und die Verwendung hochwertiger Sorten werden so gefördert. Allerdings kann die beste Rosensorte auch nur dann ihre volle Pracht zeigen, wenn der Standort auch für Rosen geeignet ist.

Rosenklassen

Die Rosen werden meist in folgende „Klassen" aufgeteilt, wobei es natürlich Sorten gibt, die „zwischen den Klassen" stehen.

Remontantrosen

Diese Klasse bildet das Zwischenglied zwischen den historischen, meist nur einmal blühenden und den modernen, mehrfach blühenden Rosensorten. Diese Sorten blühen mehrfach (remontierend), viele von ihnen wachsen stark und duften intensiv.

Edelrosen, Teehybriden

Sie haben oft leuchtende Blütenfarben und edle, dichte Blütenformen. Meist bilden sie nur eine Blüte pro Stiel, gelegentlich aber auch mehrere. Sie sind meist aufrecht wachsend und langstielig, so dass sie sich besonders gut für den Schnitt eignen.

Floribunda-Rosen

Sie stehen zwischen den Polyantharosen und den Teehybriden und tragen in der Regel mehrere, oftmals edel geformte Blüten an einem Stiel.

Beetrosen, Polyantharosen

Sie zeichnen sich durch ihren breiten, buschigen Wuchs aus und bilden meist Stiele mit mehreren Blüten aus, so dass sie auf Beeten eine besondere Farbenpracht entwickeln.

Kleinstrauchrosen

Sie stehen in der Einordnung zwischen Beetrosen und Strauchrosen. In dieser Gruppe finden sich besonders viele widerstandsfähige Sorten.

Bodendeckerrosen

Damit sich die Beete schnell schließen und besonders wenig Probleme mit Unkraut entstehen, pflanzt man gerne Bodendeckerrosen, die einen breiten Wuchs besitzen. Dieser Wuchstyp eignet sich besonders in der Pflanzengemeinschaft mit Stauden und Gehölzen.

Strauchrosen

Sie wachsen aufrecht bis breit buschig und werden etwa 120–200 cm hoch. Die meisten Sorten blühen mehrmals im Jahr (remontierend), manche aber auch nur einmal im Frühsommer.

Kletterrosen

Sie „klettern" nicht im wörtlichen Sinne, sondern bilden besonders lange Triebe, die an Gestellen (Spalieren) befestigt werden können. Besonders stark wachsen die „Ramblerrosen", die 10 m hoch werden können.

Wildrosen

Die Wildarten blühen meist nur einmal im Frühsommer ungefüllt und wachsen sehr unterschiedlich stark. Oft ziert sie ein reicher Hagebutten-Fruchtschmuck. Manche bilden Ausläufer, die unerwünscht sein können.

Englische Rosen

Unter diesem Begriff werden Sorten verschiedener Züchter aus unterschiedlichen Ländern zusammengefasst, die in ihrem Äußeren den Sorten ähneln, die vom englischen Rosenzüchter David Austin gezüchtet und in den 1980er Jahren bekannt wurden. Sie haben eine Wuchsstärke, die sich zwischen Beet- und Strauchrosen befindet, und tragen stark gefüllte, duftende Blüten in milden Farben.

Historische Rosen

Rosensorten, die vor 1867 gezüchtet wurden, gelten als historische Sorten. In ihrem Äußeren können sie recht unterschiedlich sein, oft handelt es sich um einmal blühende Strauchrosen.

Nostalgische Rosen

Unter dieser Bezeichnung werden unterschiedlich stark wachsende Sorten geführt, häufig mit besonders dicht gefüllten, rosafarbenen bis violetten, duftenden Blüten.

Zwergrosen

Wie ihr Name schon sagt, wachsen sie eher schwach bis kompakt und haben meist kleine Blüten. Im Ausland werden sie gern als Patio-Rosen bezeichnet, da sie sich gut für die Bepflanzung von Gefäßen auf Terrassen und Höfen eignen.

Miniaturrosen

Diese Sorten bilden wie die Zwergrosen kleine Blüten, wachsen aber teilweise deutlich stärker.

Tabelle gesunder Rosensorten

Gegen Pilzkrankheiten widerstandsfähige Rosensorten (Quelle: AID-Heft „Gesunde Rosen",
verändert und ergänzt durch neue Erkenntnisse aus dem ADR Arbeitskreis)

Sorte	Blütenfarbe	Füllung	Duft	Widerstandkraft*
Edelrosen				
Aachener Dom	rosa	gefüllt	reichlich duftend	mittel
Alexander	rot	gefüllt	leicht duftend	mittel
Alexandrine	hellrosa	stark gefüllt	intensiv duftend	mittel
Ambiente	cremeweiß/hellgelb	gefüllt		mittel bis hoch
Apéritif	gelb	gefüllt	leicht duftend	mittel bis hoch
Augusta Luise	rosa bis apricot	gefüllt	intensiv duftend	mittel bis hoch
Berolina	gelb	gefüllt	leicht duftend	mittel bis hoch
Beverly	rosa	stark gefüllt	intensiv duftend	mittel bis hoch
Candlelight	dunkelgelb	gefüllt		mittel bis hoch
Charisma	magentarot	gefüllt		hoch
Cherry Brandy	bronzegelb gemischt	gefüllt	intensiv duftend	mittel
Christoph Columbus	orange	gefüllt	intensiv duftend	mittel bis hoch
Duftfestival	samtrot	stark gefüllt	intensiv duftend	mittel
Elbflorenz	altrosa bis rosarot	stark gefüllt	reichlich duftend	mittel bis hoch
Elina	hellgelb	gefüllt	leicht duftend	mittel
Eliza	rosa bis silbrigrosa	gefüllt	leicht duftend	mittel bis hoch
Focus	lachsrosa	gefüllt		mittel bis hoch
Gloria Dei	gelb gemischt	gefüllt	leicht duftend	mittel bis hoch
Grande Amore	dunkelrot	stark gefüllt	leicht duftend	mittel bis hoch
Grande Classe	dunkelrot	stark gefüllt	leicht duftend	mittel bis hoch
Honoré de Balzac	zartrosa	stark gefüllt	reichlich duftend	mittel
Ingrid Bergmann	dunkelrot	gefüllt	reichlich duftend	mittel bis hoch
Inspiration	apricot bis gelborange	gefüllt		hoch
Jubilé du Prince de Monaco	weiß mit rotem Rand	gefüllt		mittel
La Perla	cremefarben	stark gefüllt	leicht duftend	mittel bis hoch
Mariatheresia	zartrosa	stark gefüllt	leicht	mittel bis hoch
Memoire	weiß	gefüllt	leicht duftend	mittel bis hoch
Nostalgie	cremeweiß, zu Beginn rosarot	gefüllt	leicht duftend	mittel bis hoch
Novalis	lavendelfarben	stark gefüllt	leicht duftend	hoch
Parole	kräftig rosa mit lila Ton	gefüllt	sehr intensiv duftend	mittel bis hoch
Piano	leuchtend rot	stark gefüllt	leicht duftend	mittel bis hoch
Pink Paradise	leuchtend rosa, gelbe Mitte	gefüllt	reichlich duftend	hoch
Poker	weiß mit rosa Ton	stark gefüllt		mittel
Porta Nigra	dunkelrot	gefüllt	leicht duftend	mittel
Pullmann Orient Express	gelb bis rosarot gemischt	gefüllt	leicht duftend	mittel bis hoch
Queen Elizabeth	leuchtend rosa	gefüllt	leicht duftend	mittel bis hoch
Out of Rosenheim	dunkelrot	stark gefüllt	leicht duftend	mittel bis hoch
Rebell	leuchtend rot	gefüllt	leicht duftend	mittel

Sorte	Blütenfarbe	Füllung	Duft	Widerstandkraft*
Rosemary Harkness	orangegelb bis lachsrosa	gefüllt	reichlich duftend	mittel bis hoch
Sachsenperle	zartrosa	gefüllt	leicht duftend	mittel bis hoch
Schloss Ippenburg	cremefarben bis zartrosa	gefüllt	reichlich duftend	hoch
Sebastian Kneipp	cremeweiß	stark gefüllt	reichlich duftend	mittel bis hoch
Souvenir de Baden-Baden	cremefarben bis hellrosa	stark gefüllt	leicht duftend	hoch
Speelwark	gelb bis gelborange gemischt	gefüllt	reichlich duftend	mittel bis hoch
Sterntaler	gelb mit rosa Ton	gefüllt	reichlich duftend	mittel bis hoch
Sunny Sky	gelb, außen rosa Ton	gefüllt	leicht duftend	hoch
Violina	zartrosa	stark gefüllt	leicht duftend	mittel bis hoch

Beetrosen

Sorte	Blütenfarbe	Füllung	Duft	Widerstandkraft*
Alea	leuchtend rosa	stark gefüllt		hoch
Amber Queen	bernsteingelb	stark gefüllt		mittel bis hoch
Anastasia	weiß/cremegelb	stark gefüllt	intensiv duftend	hoch
Aprikola	gelborange/apricot	gefüllt		hoch
Aspirin-Rose	weiß/hellrosa	gefüllt		hoch
Bad Birnbach	karminrosa	halb gefüllt		hoch
Bad Wörishofen 2005	karminrosa	halb gefüllt	intensiv duftend	hoch
Bayernland	hellrosa	halb gefüllt		mittel bis hoch
Bengali	orangegelb bis apricot	gefüllt		mittel bis hoch
Bernstein Rose	bernsteingelb	gefüllt	duftend	mittel
Black Forest Rose	leuchtend rot	halb gefüllt		mittel bis hoch
Bonita Renaissance	rosa bis orange	gefüllt	intensiv duftend	mittel bis hoch
Botticelli	lachsrosa	stark gefüllt	intensiv duftend	mittel bis hoch
Brautzauber	weiß	halb gefüllt		hoch
Canzonetta	leuchtend rot	halb gefüllt		hoch
Celina	gelb	halb gefüllt		mittel bis hoch
Charles Austin	apricot	stark gefüllt	intensiv duftend	mittel bis hoch
Charmant	kräftig rosa	gefüllt		mittel bis hoch
Cherry Girl	leuchtend rot	stark gefüllt		hoch
Crescendo	rosa	stark gefüllt		hoch
Criolo	rosa	halb gefüllt		hoch
Debüt	gelb	stark gefüllt		mittel bis hoch
Dolomiti	rosarot/cremefarben	halb gefüllt		mittel bis hoch
Elysium	dunkelrosa	stark gefüllt		mittel bis hoch
Emil Nolde Rose	kräftig gelb	halb gefüllt		mittel bis hoch
Famosa	leuchtend rot	halb gefüllt		hoch
Flirt 2011	leuchtend hellrosa	halb gefüllt		hoch
Fortuna	dunkelrosa/rosa	einfach		hoch
Friesia	gelb	gefüllt	intensiv duftend	mittel
Garden of Roses	apricot bis pastellrosa	stark gefüllt		mittel bis hoch
Gebrüder Grimm	orangerot/pfirsichfarben	stark gefüllt		hoch
Gelber Engel	hellgelb	halb gefüllt		hoch
Golden Border	leuchtend gelb	stark gefüllt	reich duftend	mittel
Gräfin Diana	purpurrot	stark gefüllt	intensiv duftend	mittel bis hoch
Hansestadt Rostock	bernstein/apricot	gefüllt	leicht duftend	mittel bis hoch
Heimatmelodie	purpurn/weiß bis creme	gefüllt		mittel bis hoch
Heinz Winkler	samtrot	gefüllt		mittel bis hoch

Sorte	Blütenfarbe	Füllung	Duft	Widerstandkraft*
Hermann-Hesse-Rose	cremefarben bis ockerfarben	stark gefüllt		hoch
Home & Garden	dunkelrosa/hellrosa	stark gefüllt		mittel bis hoch
Innocencia	leuchtend weiß	halb gefüllt		hoch
Intarsia	gelborange/apricot	halb gefüllt		hoch
Isarperle	creme bis zartrosa	gefüllt		mittel bis hoch
Knirps	karminrosa	stark gefüllt		hoch
Kosmos	cremeweiß	gefüllt	duftend	mittel bis hoch
Kronjuwel	dunkelrot	halb gefüllt		hoch
Lemon Fizz	leuchtend gelb	halb gefüllt	leicht duftend	hoch
Leonardo da Vinci	dunkelrosa	stark gefüllt	leicht duftend	mittel
Lions-Rose	cremefarben/pfirsichfarben	stark gefüllt		mittel bis hoch
Loredo	gelb	halb gefüllt		mittel bis hoch
Lupo	karminrot/weiß	einfach		hoch
Martin Luther Rose, Syn. Sirius	weiß	halb gefüllt	leicht duftend	hoch
Maxi Vita	dunkelrosa/gelborange	halb gefüllt		hoch
Medley Pink	leuchtend rosa	halb gefüllt		mittel bis hoch
Medley Red	rot	halb gefüllt		mittel bis hoch
Moin Moin	rosa	gefüllt	leicht duftend	hoch
Nadia Renaissance	leuchtend rot	stark gefüllt		mittel bis hoch
Orangerie	orange	stark gefüllt	leicht duftend	hoch
Petticoat	cremeweiß/apricot	gefüllt		hoch
Phlox Meidiland	violettrosa/weiß	einfach		mittel bis hoch
Planten und Blomen	samtig rot/rosarot	halb gefüllt		hoch
Purple Meidiland	rot/blaurosa	halb gefüllt		mittel bis hoch
Red Leonardo da Vinci	leuchtend dunkelrot	stark gefüllt		mittel bis hoch
Rose de Resht	purpurrot	stark gefüllt	stark duftend	mittel bis hoch
Rosenfaszination	hellrosa	stark gefüllt	intensiv duftend	hoch
Rosenfee	leuchtend mittelrosa	gefüllt		mittel bis hoch
Rouge Meilove	dunkelrot	stark gefüllt		mittel bis hoch
Roxy	violettrosa	gefüllt	intensiv duftend	hoch
Sangerhäuser Jubiläumsrose	apricot bis rosa	stark gefüllt	intensiv duftend	mittel bis hoch
Schneeflocke	weiß	gefüllt		hoch
Schöne Dortmunderin	rosa	halb gefüllt		mittel bis hoch
Sedana	cremeorange bis apricot	halb gefüllt	leicht duftend	hoch
Sinea	leuchtend rosarot	halb gefüllt		hoch
Solero	zitronengelb	stark gefüllt	leicht duftend	hoch
Sommersonne	rosa bis apricot	gefüllt		hoch
Sonnenröschen	weiß mit gelb	einfach	intensiv duftend	hoch
Sunstar	gelb	gefüllt	leicht duftend	mittel bis hoch
Tequila	orange bis gelborange	halb gefüllt		mittel bis hoch
Westzeit	gelborange bis pfirsichfarben	gefüllt		hoch
Yellow Meilove	leuchtend gelb	stark gefüllt	leicht duftend	mittel bis hoch

Kleinstrauchrosen

Sorte	Blütenfarbe	Füllung	Duft	Widerstandkraft*
Alba Meidiland	weiß	gefüllt		mittel bis hoch
Amber Sun	cremegelb	halb gefüllt		mittel
Angela	karminrosa	halb gefüllt		mittel bis hoch
Apache	leuchtend rot	einfach		mittel bis hoch

Sorte	Blütenfarbe	Füllung	Duft	Widerstandkraft*
Apfelblüte	rosa bis weiß	einfach		hoch
Apricot Meidiland	apricot bis rosagelb	halb gefüllt		mittel bis hoch
Bad Birnbach	leuchtend lachsrosa	halb gefüllt		hoch
Balou	leuchtend rot	gefüllt		hoch bis sehr hoch
Bienenweide rosa	rosa	einfach		hoch
Black Forest	rot	gefüllt		hoch
Blühwunder 08	kräftig rosa	halb gefüllt		hoch
Bonica 82	rosa	gefüllt		mittel bis hoch
Candia Meidiland	leuchtend rosarot, helle Mitte	halb gefüllt		mittel bis hoch
Cute Haze	weiß	einfach	intensiv duftend	hoch
Deseo	leuchtend hellrosa	halb gefüllt		mittel bis hoch
Diamant	weiß	halb gefüllt		hoch
Diamond Border	weiß	halb gefüllt		hoch
Escimo	leuchtend weiß	einfach		hoch bis sehr hoch
Gärtnerfreude	leuchtend rot	gefüllt		hoch
Granny	hellrosa	stark gefüllt		mittel bis hoch
Heidefeuer	leuchtend rot	halb gefüllt		mittel bis hoch
Heidetraum	karminrosa	halb gefüllt		hoch bis sehr hoch
Hotline	kräftig rosa	halb gefüllt		hoch
Juanita	rosa bis karminrosa	einfach		hoch
Kent	weiß	halb gefüllt		hoch
Larissa	leuchtend rosa	stark gefüllt		hoch
Lavender Dream	lavendelfarben	halb gefüllt		mittel
Lavender Meidiland	rosarot bis hellrosa	halb gefüllt		mittel bis hoch
Limesglut	leuchtend rot	halb gefüllt		mittel bis hoch
Lipstick	karminrosa/silbrig rosa	halb gefüllt		hoch
Magic Meidiland	karminrosa	gefüllt		hoch
Matador	leuchtend rot	halb gefüllt		hoch
Medeo	weiß mit rosa	einfach		hoch
Medusa	dunkelrosa	gefüllt		hoch
Mirato	karminrosa	halb gefüllt		hoch
Nemo	weiß	einfach		hoch
Neon	karminrosa	halb gefüllt		hoch
Palmengarten Frankfurt	karminrosa	halb gefüllt		hoch
Pearl Mirato	rosa	gefüllt		mittel bis hoch
Pink Bassino	hellrosa	einfach		hoch
Play Rose	rosa	halb gefüllt		mittel bis hoch
Pomponella	kräftig rosa	stark gefüllt	leicht duftend	mittel bis hoch
Pretty Snow	weiß bis cremefarben	einfach		mittel bis hoch
Residenz	leuchtend dunkelrosa	halb gefüllt		hoch bis sehr hoch
Rody	karminrosa	halb gefüllt		mittel bis hoch
Rotilla	leuchtend rot	halb gefüllt		hoch
Satina	zartrosa	halb gefüllt		mittel
Schneekönigin	weiß	halb gefüllt		mittel bis hoch
Sedena	gelb bis apricot	halb gefüllt		mittel bis hoch
Sibelius	violett	gefüllt		mittel bis hoch
Silencio	karminrosa bis rosarot	halb gefüllt		hoch

Sorte	Blütenfarbe	Füllung	Duft	Widerstandkraft*
Simply	hellrosa	halb gefüllt		hoch
So Pretty	karminrot	halb gefüllt		hoch
Solero	leuchtend gelb bis zitronen-gelb	stark gefüllt	leicht duftend	mittel bis hoch
Sommerwind	rosa	gefüllt		mittel bis hoch
Sonnenschirm	gelb	halb gefüllt		mittel
Sorrento	leuchtend rot	halb gefüllt		hoch bis sehr hoch
Souvenir de Greuville	dunkelrosa bis weiß	gefüllt		mittel bis hoch
Stadt Rom	leuchtend rosarot	einfach		hoch bis sehr hoch
Sternenflor	weiß	einfach		mittel bis hoch
Sunny Rose	gelb	halb gefüllt		mittel bis hoch
Swany	weiß	gefüllt		hoch
Sweet Haze	rosa bis hellrosa	einfach bis halb gefüllt		mittel bis hoch
The Fairy	rosa	gefüllt		mittel
Topolina	rosarot/hell	einfach		hoch
Triade	leuchtend dunkelrot	halb gefüllt		mittel bis hoch
Weg der Sinne	purpurviolett bis purpurrosa mit gelb	halb gefüllt	leicht duftend	hoch bis sehr hoch
White Haze	leuchtend weiß mit gelb	einfach		mittel bis hoch
Strauchrosen				
A Shropshire Lad	apricot	stark gefüllt	stark duftend	mittel bis hoch
Abraham Darby	gelborange	stark gefüllt	stark duftend	mittel bis hoch
Armada	rosa bis hellrosa	halb gefüllt		mittel bis hoch
Ballerina	hellrosa mit weiß	einfach		mittel bis hoch
Bonanza	goldgelb bis kupfrig	halb gefüllt		mittel bis hoch
Caramella	orangegelb	gefüllt		mittel bis hoch
Centenaire de Lourdes	rosa	gefüllt		mittel bis hoch
Comedy	gelb bis orange	gefüllt		hoch
Eden Rose 85	rosa	stark gefüllt		mittel
Estima	rosa	gefüllt		mittel bis hoch
Felicitas	karminrosa	einfach		hoch
Flashlight	leuchtend rosa bis hellrosa	stark gefüllt	leicht duftend	hoch
Flora Colonia	rosa	stark gefüllt	intensiv duftend	mittel bis hoch
Gentle Hermione	rosa	stark gefüllt	intensiv duftend	mittel bis hoch
Gertrude Jekyll	leuchtend dunkelrosa	gefüllt	intensiv duftend	mittel bis hoch
Getano	leuchtend rosarot mit gelb	halb gefüllt		hoch
Golden Celebration	intensiv dunkelgelb	gefüllt	intensiv duftend	mittel bis hoch
Goldspatz	leuchtend hellgelb	halb gefüllt	intensiv duftend	mittel bis hoch
Graham Thomas	gelb	stark gefüllt		hoch
Harlow Carr	rosa	gefüllt	intensiv duftend	hoch
Heavenly Pink	dunkel- bis hellrosa	gefüllt	intensiv duftend	hoch
Herkules	creme- bis fliederfarben	stark gefüllt	intensiv duftend	mittel bis hoch
Herzogin Friederike	lachsrosa mit gelb	halb gefüllt		mittel bis hoch
La Rose de Molinard	rosarot	stark gefüllt	intensiv duftend	hoch
Lichtkönigin Lucia	leuchtend gelb	gefüllt		mittel bis hoch
Louise Odier	leuchtend rosa	stark gefüllt	intensiv duftend	mittel bis hoch
Mademoiselle	leuchtend rosa	halb gefüllt	intensiv duftend	mittel bis hoch

Sorte	Blütenfarbe	Füllung	Duft	Widerstandkraft*
Marguerite Hilling	rosa	einfach		mittel bis hoch
Mary Rose	dunkelrosa	gefüllt	intensiv duftend	mittel bis hoch
Matthias Claudius Rose	apricot/rosa	stark gefüllt	leicht duftend	hoch
Mein schöner Garten	rosa	gefüllt		mittel bis hoch
Mortimer Sackler	hellrosa	halb gefüllt	intensiv duftend	mittel bis hoch
Mozart	rosa mit weiß	einfach		mittel bis hoch
Münsterland	lachsrosa bis apricot	halb gefüllt		hoch
New Look	karminrosa bis hellrosa	halb gefüllt		hoch
Pat Austin	kupfergelb	gefüllt	stark duftend	mittel bis hoch
Pierre Gagnaire	orangerosa bis weiß	halb gefüllt	intensiv duftend	mittel bis hoch
Postillion	gelb	gefüllt		hoch
Pretty Kiss	weiß mit rot	einfach		hoch
Pretty Sunrise	apricot bis rosarot	einfach		mittel bis hoch
Queen of Sweden	apricot bis rosa	stark gefüllt		hoch
Ravenna	rosarot bis hellrosa	einfach		hoch
Romanze	dunkelrosa	halb gefüllt		mittel
Rosenresli	orangerosa	gefüllt	intensiv duftend	mittel bis hoch
Rosenstadt Freising	weiß mit rot	gefüllt	intensiv duftend	hoch
Roter Korsar	rot	gefüllt		mittel bis hoch
Rugelda	gelb	gefüllt		mittel bis hoch
Rush	rosa	einfach		mittel bis hoch
Saremo	hellrosa	gefüllt		hoch
Schneewittchen	weiß	gefüllt		mittel bis hoch
Shining Light	leuchtend gelb	gefüllt		mittel bis hoch
Sommerabend	rot	einfach		hoch bis sehr hoch
Soul	purpurviolett	stark gefüllt	intensiv duftend	hoch
Teasing Georgia	leuchtend gelb	sehr stark gefüllt	leicht duftend	hoch
Triade	leuchtend dunkelrot	halb gefüllt		hoch
Vogelpark Walsrode	hellrosa	halb gefüllt		mittel bis hoch
Westerland	bronzegelb	halb gefüllt		mittel bis hoch
Yellow Romantica	gelb	stark gefüllt	intensiv duftend	mittel bis hoch

Kletterrosen

Sorte	Blütenfarbe	Füllung	Duft	Widerstandkraft*
Aloha	apricot/rosa	gefüllt	intensiv duftend	mittel bis hoch
Amadeus	rot	gefüllt		hoch
Baikal	rot	halb gefüllt		mittel
Bajazzo	orangerot mit gelb	halb gefüllt		hoch
Belkanto	samtrot	gefüllt		hoch
Bobby James	weiß	einfach	intensiv duftend	mittel bis hoch
Chevy Chase	dunkelrot	gefüllt		mittel
Constance Spry	rosa	stark gefüllt	intensiv duftend	mittel
Crown Princess Margareta	apricot bis gelborange	stark gefüllt	intensiv duftend	hoch
Deutsches Rosarium Dortmund	hellrosa	gefüllt		mittel bis hoch
Dortmund	rot/weiß	einfach		mittel bis hoch
Dublin Bay	rot	gefüllt		mittel bis hoch
Fassadenzauber	leuchtend dunkelrosa	gefüllt		hoch
Félicité et Perpétue	weiß	gefüllt	intensiv duftend	hoch
Flammentanz	rot	gefüllt		mittel bis hoch

Sorte	Blütenfarbe	Füllung	Duft	Widerstandkraft*
Florentina	rot	stark gefüllt	leicht duftend	hoch
Ghislaine de Féligonde	gelb bis hellgelb	gefüllt		mittel bis hoch
Giardina	rosa	stark gefüllt	intensiv duftend	mittel bis hoch
Golden Gate	leuchtend gelb	halb gefüllt	intensiv duftend	hoch
Graciosa	pastellrosa bis weiß	halb gefüllt		hoch
Guirlande d'Amour	weiß	gefüllt	intensiv duftend	hoch bis sehr hoch
Heidetraum Plus	leuchtend karminrosa	halb gefüllt		hoch bis sehr hoch
Ilse Krohn Superior	weiß	stark gefüllt	intensiv duftend	mittel bis hoch
Jasmina	hellrosa	halb gefüllt	intensiv duftend	hoch
Kew Rambler	rosa bis hellrosa	einfach	intensiv duftend	hoch
Kiftsgate	leuchtend weiß	einfach	intensiv duftend	hoch
Kir Royal	altrosa	gefüllt	intensiv duftend	hoch
Kiss me Kate	rosa	stark gefüllt	intensiv duftend	mittel bis hoch
Laguna	karminrosa	gefüllt	intensiv duftend	hoch
Lawinia	rosa bis dunkelrosa	gefüllt		mittel
Lemon Rambler	cremeweiß	gefüllt	intensiv duftend	hoch
Manita	rosa, gelb	halb gefüllt		mittel bis hoch
Momo	karminrot	gefüllt		mittel bis hoch
Morning Jewel	rosa	gefüllt		mittel bis hoch
Moscalbo	weiß	halb gefüllt		hoch bis sehr hoch
New Dawn	hellrosa	gefüllt		hoch
Pauls Scarlet Climber	rot	gefüllt		hoch
Perpetually Yours	cremefarben bis weiß	stark gefüllt	duftend	mittel bis hoch
Pirouette	apricot	stark gefüllt		mittel bis hoch
Pleine de Grace	weiß	einfach	intensiv duftend	hoch
Rambling Rector	weiß	halb gefüllt	intensiv duftend	hoch
Red Flame	samtrot	gefüllt	intensiv duftend	mittel bis hoch
Rosanna	lachsrosa	gefüllt	intensiv duftend	hoch
Rosarium Uetersen	dunkelrosa	gefüllt		mittel bis hoch
Rosendorf Steinfurth	rosa	halb gefüllt	intensiv duftend	mittel bis hoch
Rosengarten Zweibrücken	purpurviolett	halb gefüllt	intensiv duftend	hoch
Rotfassade	leuchtend rot	einfach		hoch
Sommergold	goldgelb	gefüllt	intensiv duftend	hoch bis sehr hoch
Super Dorothy	rosa	gefüllt		mittel bis hoch
Super Excelsa	dunkelrot	gefüllt		mittel bis hoch
Tess of the d'Urbervilles	karminrot	stark gefüllt		mittel bis hoch
The Generous Gardener	weiß bis hellrosa	stark gefüllt		hoch
Tradition 95	leuchtend rot	gefüllt		mittel bis hoch
Uetersener Klosterrose	cremefarben bis weiß	gefüllt	intensiv duftend	mittel bis hoch
Venusta Pendula	weiß bis hellrosa	halb gefüllt	intensiv duftend	mittel bis hoch

* Widerstandskraft:
sehr hoch = Sorten, die sich über mehrere Jahre als gesund erwiesen haben, ein Einsatz von Pflanzenschutzmitteln ist nicht erforderlich.
hoch = Sorten, die sich als besonders widerstandsfähig gegen Echten Mehltau, Sternrußtau und Rosenrost erwiesen haben. Ein leichterer Befall kann zwar auftreten, aber Pflanzenschutzmitteleinsatz gegen diese Krankheiten ist in der Regel nicht erforderlich.
mittel bis hoch = Sorten, die bei starkem Befallsdruck (z. B. wegen ungünstiger Wetterverhältnisse) unter stärkerem Krankheitsbefall leiden können, so dass chemischer Pflanzenschutz nur in Ausnahmefällen erforderlich wird.
mittel = Sorten, die bei hohem Befallsdruck von Krankheiten befallen werden können, die aufgrund ihrer Eigenschaften im Sortiment aber nicht ersetzt werden können.

Literatur

Alford, David: Farbatlas der Schädlinge an Zierpflanzen. Stuttgart, Enke-Verlag 1997.

Bärtels, Andreas: Gehölzvermehrung. 2. Auflage. Stuttgart, Verlag Eugen Ulmer 1982.

Beltz, Heinrich: Gesunder Buchs. Stuttgart, Verlag Eugen Ulmer 2014.

Butin, Heinz und Thomas Brand: Farbatlas der Gehölzkrankheiten. 5. Auflage. Stuttgart, Verlag Eugen Ulmer 2017.

Hübscher, Heiko, Beltz, Heinrich, Großmann, Gerd und Pirc, Helmut: Handbuch Pflanzenschnitt. 2. Auflage. Stuttgart, Verlag Eugen Ulmer 2018.

Krüssmann, Gerd: Die Baumschule. 6. Auflage. Berlin, Parey Verlag 1997.

Lohrer, Thomas: Pflanzenschutz einfach von A–Z. Stuttgart, Verlag Eugen Ulmer 2020.

Nienhaus, Franz und Lothar Kiewnik: Pflanzenschutz bei Ziergehölzen. Stuttgart, Verlag Eugen Ulmer 1998.

Sinclair, Wayne A.: Diseases of Trees and Shrubs. Ithaca, Cornell University Press 2005.

Spellerberg, Burkhard et al.: Gesunde Rosen. AID Heft 1229/2013, 3. Aufl.

Bezugsquellen

Rosen werden in vielen Gartencentern und Baumschulen angeboten. Achten Sie beim Kauf nicht nur auf den Preis, sondern auch auf die Qualität (besonders die Gesundheit der Pflanzen) sowie eine gute fachkundige Beratung!

Listen von Anbietern in Deutschland, Österreich und der Schweiz finden Sie unter anderem unter:
www.gartenbaumschulen.com/betriebe.php
www.baumschulinfo.at
www.vsb.ch

Im Internet finden Sie wertvolle Sorteninformationen und zum Teil auch Bezugsquellen zum Beispiel unter:
www.arbofux.de
www.adr-rose.de
www.rosenfreunde.de (Gesellschaft der Rosenfreunde)

Außerdem haben viele regionale Gruppen von Rosenfreunden sowie Rosenanbieter interessante Seiten:
www.rosen.de (Firma Kordes)
www.rosenhof-schultheis.de
www.rosen-tantau.com
www.rosen-union.de
www.noack-rosen.de
www.weinsberger-rosen.de
www.rosenzucht-braun.de

Weitere nützliche Informationen finden sie unter www.garten-akademien.de

Telefonnummern Gartentelefon

Bayerische Gartenakademie
Gartentelefon: (0931) 9801-147
Montag, Donnerstag, Freitag: 10.00–12.00 Uhr
Montag, Donnerstag: 13.00–16.00 Uhr

Gartenakademie Baden-Württemberg
Gartentelefon: (0900) 1042290
    (50 Cent pro Minute)
Mo 14.00–18.00 Uhr, Di 10:00–12:00 Uhr
Mi 13.00–16.00 Uhr, Do 14:00–16:00 Uhr
Fr 14.00–16.00 Uhr

Hessische Gartenakademie
Gartentelefon: (0180) 5729972
    (14 Cent pro Minute)
Mo–Fr 9.00–11.00 Uhr
Mi 14.00–16.00 Uhr

Niedersächsische Gartenakademie
Gartentelefon: (04403) 983811
Mo und Fr. 9.00–12.00 Uhr

Gartenakademie Rheinland-Pfalz
Gartentelefon: (0180) 505 3 202
    (14 Cent pro Minute)
Montag 9.00–13.00 Uhr
Donnerstag 13.00–16.00 Uhr

Gartenakademie Sachsen
Gartentelefon: (0351) 2612-8080
Donnerstag 14.00–17.00 Uhr

Labore für Bodenanalysen (Auswahl)

Landwirtschaftliche Untersuchungs- und
Forschungsanstalten (LUFA):
Speyer: www.lufa-speyer.de
Oldenburg: www.lufa-nord-west.de
Münster: www.lufa-nrw.de
Jena: www.tll.de
Rostock: www.lms-lufa.de
Karlsruhe-Augustenberg: www.ltz-bw.de
Agrolab Koldingen: www.agrolab.com/de/
    agrolab-koldingen-sarstedt.html

Register

Bildquellen

Impressum

Die in diesem Buch enthaltenen Empfehlungen und Angaben sind vom Autor mit größter Sorgfalt zusammengestellt und geprüft worden. Eine Garantie für die Richtigkeit der Angaben kann aber nicht gegeben werden. Autor und Verlag übernehmen keine Haftung für Schäden und Unfälle. Bitte setzen Sie bei der Anwendung der in diesem Buch enthaltenen Empfehlungen Ihr persönliches Urteilsvermögen ein.
Der Verlag Eugen Ulmer ist nicht verantwortlich für die Inhalte der im Buch genannten Websites.

Bibliografische Information der Deutschen Nationalbibliothek
Die Deutsche Nationalbibliothek verzeichnet diese Publikation in der Deutschen Nationalbibliografie; detaillierte bibliografische Daten sind im Internet über http://dnb.d-nb.de abrufbar.

© 2021 Eugen Ulmer KG
Wollgrasweg 41, 70599 Stuttgart (Hohenheim)
E-Mail: info@ulmer.de
Internet: www.ulmer.de
Projektleitung: Doris Kowalzik
Lektorat: Sabine Drobik
Herstellung: Jürgen Sprenzel
Umschlaggestaltung: red.sign, Stuttgart
Satz: r&p digitale medien, Echterdingen
Druck und Bindung: Firmengruppe APPL, aprinta druck, Wemding
Printed in Germany

ISBN 978-3-8186-1039-5